시인 백거이白居易
세속의 욕망과 그 달관의 노래
유병례 지음

| 중국역사인물평전 3
| 백거이평전
|
| 세속의 욕망과
| 그 달관의 노래

신서원은 부모의 서가에서
자식의 책꽂이로
'대물림'할 수 있기를 바라며
책을 만들고 있습니다.

유병례 지음

만든이 : 임성렬
만든곳 : 도서출판 신서원

초판1쇄 인쇄일 2007년 8월 30일
초판1쇄 발행일 2007년 9월 10일
주소·서울특별시 종로구
　　　　교남동 47-2(협신209호)
등록·제1-1805(1994. 11. 9)
Tel　(02) 739-0222·0223
Fax　(02) 739-0224
E-mail sinseowon@naver.com

ISBN 978-89-7940-059-5

그는 신라시대부터 우리나라에 독자가 있었다. 특히 '중은中隱'철학을 기저로 한 평범하면서도 비범한 시편들은 우리 선인들의 삶에 큰 영향을 끼쳤다. 인생과 세계는 시공을 달리하면 그 양상이 달라지지만 그 저변을 관통하는 인간의 세속적 욕망과 현실 및 타자와의 갈등은 시공을 초월해 그 본질이 동일하다.

백거이의 시는 인생의 그 본질을 많이 다루었다. 세속의 욕망·성취·좌절·방황·승화 등등의 모티프들은 어느 시대 인생들도 모두 겪는 통과제의가 아니겠는가? 그런 의미에서 그의 생각과 정서는 오늘 이 시대 우리에게 여전히 현실성이 있다.

그는 우선 세속의 욕망에 솔직하였다. 속내를 숨기면서 내숭 떠는 위선자가 아니었으며, 삶의 굽이굽이를 치열하게 살았다. 그렇다고 터무니없는 욕심을 부리거나 허황된 야심을 품은 것도 아니었다. 이성으로 감성을 통제하여 욕망에 브레이크를 걸었고, 냉정으로 열정을 누르면서 미련과 집착을 털어냈다. 그러면서도 그는 욕망을 인정하고 나아갔으며, 운명에노 순응하였고, 드디어 달관하며 초월의 경지에 이른다.

그는 자신이 겪은 고뇌와 갈등과 삶의 궤적을 시로 정제하여 형상화하였다. 일생에 걸쳐 끊임없이 시를 써서 75세를 일기로 이 세상을 하직하기까지 2,900여 수의 시를 남겼다. 15살 때부터 지은 시가 문집에 실려 있는 것으로 보아, 한 달에 평균 2수

〈프롤로그〉

　여기 일등이 되고 최고가 되는 것을 경계한 사람이 있다. 무한 경쟁의 시대, 일등이 되지 못해 안달하고 최고가 아니면 곧 도태된다는 강박에 사로잡혀있는 우리들에게 맨 앞에 서면 브레이크를 밟고, 꼴찌로 쳐지면 악셀을 밟으라고 당부한 사람이 있다.

　8세기 당나라의 시인 백거이가 바로 그다.

　"강하지도 않고 약하지도 않게, 부드럽지도 않고 뻣뻣하지도 않게 처세하라."
　이것은 백거이가 일생을 마감하면서 자손들, 아니 후세의 독자들에게 준 행복한 삶을 위한 처세방식의 메시지이다.
　끝없이 질주하려는 욕망을 자제하고 어리석은 집착을 털어버리고, 그칠 때 그치고, 멈출 때 멈추고, 떠날 때 떠났던 절제와 달관의 미학을 실천한 백거이. 현실과 이상 사이에서 갈등하고 번민하면서 행복하게 사는 길을 모색하고 실천했던 그가 우리의 이 시대에 한 등불로 또다시 범상치 않게 다가온다.

시인 백거이 白居易

세속의 욕망과
그 달관의 노래

유병례 지음

이상씩 지은 셈이다. 그의 일상과 삶은 시를 떠나서 생각할 수 없다.

삶이 한창 잘 풀릴 때에도 시를 지어 자신을 경계하였고, 삶이 꼬일 때에도 시를 지어 격려하였다. 쓸쓸하고 울적할 때도 시를 지어 스스로 위로했고, 친구와 만났을 때는 시를 지어 우정을 돈독히 했다. 아름다운 경치를 보면 시흥詩興이 넘쳐났고, 술에 취했을 때도 시심詩心이 발동하였다.

그러고 시 짓기가 어찌 어렵지 않았을까? 하지만 수갑 같은 시의 평측도 족쇄 같은 시의 압운도 그의 시상을 얽어맬 수 없었다. 수갑과 족쇄를 차고도 자유자재로 춤추며 감흥과 흥취를 자아냈다. 창작의 고통을 산고처럼 겪기도 하였고, 신선세계에서 소요하듯 일탈의 쾌락을 맛보기도 하였다. 그는 그런 자신을 시마詩魔와 시선詩仙이라 부르기도 하였다.

백거이에게 있어 시는 존재의 표현이었을 뿐만 아니라 현실이란 대지에 자신의 삶이 뿌리를 내리게 해준 원동력이었다. 보잘 것 없고 가난했던 그는 작시능력을 중시하는 진사과로 입신하여 출세하였다. 나아가 작시는 끊임없는 자기성찰 행위이면서도 그의 사회적 정체성을 조명하는 작업, 즉 지식인으로서 '입언立言'을 지향하는 행위이기도 하였다. 주지되어 있듯 입언은 '입덕立德', '입공立功'과 더불어 현실사회와 후세에 이바지하겠다는 동양지식인의 사명의식이다.

그러한 시가 빌미가 되어 정적政敵의 치명에 가까운 공격을 받은 적이 있었지만, 결코 그는 시 짓기를 중단하지 않았다. 그의 시의 장점은 솔직에 있었다. 일상에서 느끼는 감정을 과장하거나 포장하지 않고 담백하게 있는 그대로 보여주었다. 진보 지식인으로 현실정치에 깊이 참여하여 개혁을 시도하였고, 사랑의 슬픔으로 넋나간 듯 방황하였으며, 기생과 승려를 끌어들이며 세속과 초월의 경계를 넘나들었다. 우수와 번뇌로 고뇌하며 속세의 집착과 욕망에서 벗어나고자 하였으며, 은자가 되어 산수를 유람하며 유유자적하였다. 세속의 번뇌를 초탈한 달관도 보여주었고, 현실과 이상의 갈등과 모순을 조화시켜 안주할 수 있는 삶을 영위하기도 하였다. 이렇듯 다양한 삶의 양상과 사연을 그는 자신의 시에서 보여주었다.

그 양상 그 사연을 더 절실하고 진실하게 전달하기 위해 가능한 알기 쉬운 시어詩語를 선택하였으며 배우지 못한 이웃집 할머니까지도 이해할 수 있는 시를 쓰고자 노력하였다. 그래서 사람들은 그를 대중시인·민중시인이라 불렀다. 이로써 찬사도 받았고 혹평도 받았지만, 백거이는 생전부터 오늘에 이르기까지 이백李白과 두보杜甫와 더불어 당나라를 대표하고 나아가 중국을 대표하는 시인이 되어 독자들의 사랑을 받고 있다.

시품詩品과 인품人品의 합일을 보여준 백거이. 그와 그의 시는 우리의 내밀한 모습을 문득 비추는 거울이면서도 바람직하고 추구해 볼 만한 삶이 무엇인가를 생각하게 해주는 텍스트이다. 욕망의 무지개와 낙망의 수렁이 교차되면서, 그 낙차의 폭만큼이나 생명과 행복이 손상받기 쉬운 시대, 그래서 오늘 그가 더 그리워지는지도 모르겠다.

차례

〈프롤로그〉▌5

제1부 적극적이고 치열하게

1. 772년, 44살 아버지, 18살 어머니 사이에서 태어나다 ▌15
2. 연줄 없던 백거이 '꾼'으로 승부 걸다 ▌28
3. 장한가, 이루지 못한 사랑이여, 이별의 한이여! ▌43
4. 개혁을 시도한 당 헌종, 코드인사 단행하다 ▌72
5. 그 시대, 그 정치를 노래한 풍유시와 신악부운동 ▌78
6. 황제도 못 말리는 강직한 백거이 ▌88
7. 현실과 이상 사이의 방황 – 늙음의 한탄 ▌91
8. 눈물 적신 강주사마 푸른 적삼 – 비파행 ▌103
9. 새장에 갇힌 새 푸른 숲을 그리워하다 ▌111

제2부 욕망을 줄이고 빈 배처럼

1. 현실과 이상의 절충 - 관리와 은자의 장점 ▮ 123
2. 정원을 자연 삼아 학을 벗 삼아 ▮ 146
3. 유·불·도의 경계를 넘나들다 ▮ 163
4. 떠나야 할 때 떠나다 ▮ 185
5. 난초처럼 향기롭고 금석처럼 굳센 우정 ▮ 204
6. 해외에서도 지음知音을 얻다 ▮ 222

〈에필로그〉 ▮ 239

〈부록〉 ▮ 243

　백거이 연보 ▮ 245
　백거이가 역임했던 관직소개 ▮ 252

12 세속의 욕망과 그 달관의 노래

제1부

적극적이고 치열하게

14 세속의 욕망과 그 달관의 노래

○ 1.
772년, 44살 아버지,
18살 어머니 사이에서 태어나다.

　백거이(772~846)는 자가 낙천樂天이며 만년에는 호를 향산거사香山居士·취음선생醉吟先生이라 하였다. 거이라는 이름에서 험난하고 고된 인생길 부디 편안하게 잘 살라는 부모님의 소망을, 낙천에서 운명에의 순응과 달관의 취지를, 향산거사에서 독실한 불자였음을, 취음선생에서 술과 시를 향유하였음을 알 수 있다. 그의 이름과 자·호에서 그의 인생역정과 삶의 태도, 처세철학을 어렴풋이 짐작할 수 있을 것이다.
　백기이는 당니라 대종代宗 대력大曆 7년(772년), 하남성 신정현新鄭縣에서 태어났다. 이 때 아버지 백계경白季庚의 나이는 44세, 어머니 진씨陳氏의 나이는 18세였다. 아버지와 어머니는 외삼촌과 조카 사이. 결혼당시 15살이었던 진씨는 26살 연상인 외삼촌 아저씨와 결혼하였다.
　당나라가 유사이래 가장 개방된 나라였으며 유교가 독존의 자리를 내주고 불교·도교 심지어 이슬람교·경교와 함께 공

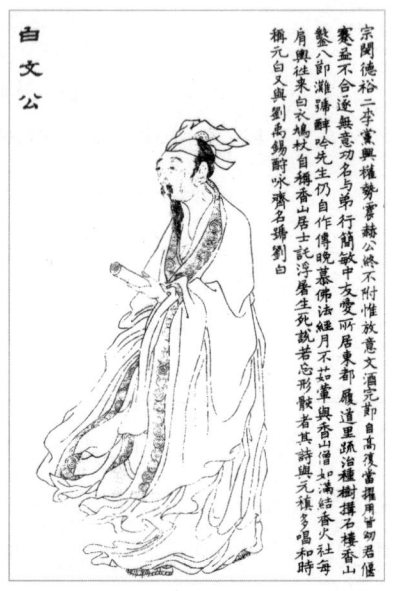

772년 하남성 신정현에서 태어났다. 자는 낙천, 호는 향산거사, 취음선생. 죽고 난 뒤 '文'이라는 시호를 받았으므로 세상에서는 그를 白文公이라 불렀다.

생했던 시기라고 할지라도, 또 사상으로든 문화로든 무척 개방된 시대였다고 할지라도 그 두 사람의 결혼은 파격이었고 심상치 않은 결합이었다.

중년 아저씨 같은 아버지와 소녀처럼 앳된 어머니 사이에서 태어난 백거이는 위로 이복형 유문幼文이 있었으며 아래로 네 살 터울인 아우 행간行簡과 9살 터울인 막내동생 유미幼美가 있었다.

백거이는 스스로 묵향 가득한 선비가문으로 자처한다. 우선 그가 밝힌 족보에 의거할 것 같으면 진나라의 군사전략가요 명장인 백기白起는 그의 먼 조상으로서 큰 공을 세워 무안군武安君에 봉해졌으나 훗날 모함을 받아 억울하게 죽었다고 한다. 진시황 때에 이르러 그 억울함이 밝혀져 진시황은 그의 아들 백중白仲에게 산서성 태원太原 땅을 봉읍으로 주었다고 한다. 백거이는 글을 쓰거나 시를 짓고 나서 스스로를 '태원 백거이'라고 싸인 하였고, 친구들도 그를 '태원인'이라고 불러주었다. 백기는 백거이 조상 중에서 가장 잘난 사람이었기 때문에 그의 후예로 자처하는 것을 큰 영광으로 여겼던 것이다.

하지만 백기는 그야말로 까마득히 먼먼 조상이었으니 백거이의 가까운 조상 가운데는 세상에 내로라 할 만한 인물이 없다는 증거이기도 하다. 그러기에 백거이는 백중 이후 27대 조상인 백건白建부터 족보를 기록한다. 그러니까 백건은 백씨문중의 실질적인 조상인 셈이다. 백건은 산서성 태원에서 섬서성 한성韓城으로 근거지를 옮겼으며 백거이의 증조부인 백온白溫에 이르러 다시 섬서성 위남현渭南縣 하규下邽로 이사 와서 살게 되었다.

백거이 조상 가운데 5대조까지를 살펴보면, 고조부·증조부는 중앙정부의 하급관리였고, 조부와 아버지는 지방의 하급관리였다. 백거이에 이르기까지 그야말로 중앙에서 번듯한 벼슬 하나 지낸 조상이 없었던 셈이다. 비록 묵향 가득한 선비가문이긴 하였지만 그야말로 지극히 평범한 서민층이었던 셈이다.

하지만 후대사람들은 족보와 관련하여 백거이의 말을 백퍼

센트 믿기 어렵다고 보았다. 그의 족보를 기록한 『가장家狀』의 내용이 체계적이지 못하거니와 허점이 여기저기 발견되기 때문이다. 백거이처럼 학식이 높고 재주가 탁월한 사람이 자신의 조상 혈통을 기록하는 데 어찌 이다지도 치밀하지 못하였단 말인가! 거기에는 말 못할 사정이 있다고 봐야 한다는 것이다. 즉 문벌과 가문을 따졌던 당시 사회풍조의 영향을 받아 백거이는 보잘것없는 자신의 혈통을 그럴싸하게 포장하기 위해 백씨 성을 가진 사람들 중 잘난 사람을 조상으로 끌어들여 떠받들었다는 것이다.

요즘도 우리는 이와 유사한 광경을 종종 목격할 수 있지 않은가? 잘난 후손이 나오면 조상의 업적을 기리기 위해 족보를 조작하거나 조상묘역을 왕릉처럼 화려하게 꾸며놓는 일 말이다. 백거이가 살았던 그 당시 사람들 역시 마찬가지였다 한다. 예컨대 유씨 성을 가진 사람은 한결같이 묘금도卯金刀 유劉씨를 자칭했다는데, 한漢나라의 황성皇姓이기 때문에 그랬다는 것이다. 풍조가 그러하였기에 조상 부풀리기 사업은 피차간에 양해가 되었다는 것이다.

백거이 조상을 집중적으로 연구한 중국학자들은 백거이의 조상이 서역에서 왔다는 데 의견을 함께하고 있다. 그러니까 백거이집안은 중국의 전통명문가가 아닌 서역 땅에서 이주한 보잘것없는 이민족 출신이라는 것이다.* 외삼촌과 조카사이인 백거이 아버지와 어머니가 결혼을 할 수 있었던 것도 전통명문가가 아닌 서역오랑캐의 혈통을 지녔기에 가능하였다고 보는 것이다.

※백거이의 족보를 의심하고 서역출신임을 주장한 대표적인 학자로는 상각민向覺民・풍승균馮承鈞・요미원姚薇元・진인각陳寅恪 등이 있다.

할아버지 이름은 백황白鍠이다. 17살에 명경과에 급제하였으며, 성품이 강직하고 사리가 분명하였다. 낙양현주부洛陽縣主簿・산조현령酸棗縣令・공현령鞏縣令 등을 지낸 바 있다. 백황은 하남성에서 장기간 관리생활을 하다가 하남을 좋아하게 되어 그 곳으로 거주지를 옮겨 신정현新鄭縣에 정착하였다. 백거이가 신정현에서 태어난 지 2년 만에, 그러니까 백거이 나이 2살 나던 해에 할아버지 백황이 타계했지만 그의 강직한 기질과 문학소양은 할아버지의 유전인자를 받았다고 할 수 있다.

아버지 백계경 역시 명경과 출신으로서 급제한 뒤 소산현위蕭山縣尉에 임명되었다. 아버지도 강직한 성품의 소유자였으며 충군애국을 신조로 삼아 맡은 바 임무에 충실하였다. 서주별가徐州別駕・검교대리소경檢校大理少卿・양주별가襄州別駕등을 역임하였으며 66세의 나이로 임지인 양주에서 세상을 떴다.

어머니 진陳씨는 따지고 보면 백거이의 외4촌 누님이기도 하다. 부모의 혼인이 이루어진 데는 기구한 사연이 있다. 백거이의 외할머니는 백씨가문의 여자로 진씨 문중에 시집갔다가 딸 하나만 낳고 과부가 되었다. 살길이 막막해지자 어린 딸을 데리고 친정으로 돌아와 살던 중 친정오빠 백계경이 상처하여 홀아

비가 되자 딸을 그에게 시집보냈던 것이다. 다시 말해 백거이의 어머니는 외삼촌 아저씨와 결혼하였으니 기구한 운명이 아닐 수 없겠다. 평범치 않은 혼인에 말미암은 스트레스 부담이 어쩌면 훗날 그녀가 앓았던 우울증의 원인이 되었을지도 모른다.

현숙한 아내로서, 또 효성스런 며느리의 역할을 잘 해냈던 진씨는 40세 되던 해에 미망인이 되었다. 백거이 나이 23세였다. 졸지에 가장이 되어버린 그녀는 여러 자식들의 뒷바라지를 해야 했다. 남편이 죽기 전에는 늘 직장 때문에 남편과 떨어져 살았기에 자식들의 교육은 당연히 그녀의 몫이었다. 백거이는 훗날 자식교육에 열과 성을 다하였던 어머니의 모습을 이렇게 회고하였다.

> 아버님께서 돌아가셨을 때 우리 형제들은 아직 어려서 서당에 다닐 나이도 아니었지만 어머니께서 손수 책을 들고 밤낮으로 가르쳐주셨지요. 차근차근 잘 가르쳐주셨으며 회초리 한 번 든 적이 없으셨습니다. 십여 년 사이에 여러 자식들이 모두 진사에 급제하여 고관이 된 것도 모두 어머니의 자애로운 가르침 덕분입니다.
>
> 別駕府君卽世, 諸子尙幼, 未就師學, 夫人親執詩書, 晝夜敎導, 恂恂善誘, 未嘗以一棒一杖加之, 十餘年間, 諸子皆以文學仕進, 官至淸近, 實夫人慈訓所致也
>
> 〔襄州別駕府君事狀〕

지나간 일은 모두 기억 속의 아스라한 추억으로 미화되게 마련이다. 그것도 나아주고 길러주신 어머니, 일찍 남편을 여윈

채 고생을 무릅쓰고 자식을 교육시킨 어머니, 정신병이 화근이 되어 비명횡사한 어머니이기에 더욱 애틋하다. 그렇다손 치더라도 위의 회고를 모두 미화된 이야기로 치부할 수는 없을 것이다. 정신병이 발작하기 전까지만 해도 그녀는 현모양처요 효부였던 것이다.

26살의 연령차를 극복하고 결혼한 그녀는 양육·교육·가사·봉제사를 모두 혼자 떠맡아야 했다. 감당하기 힘든 스트레스를 받았음은 물론일 것이다. 훗날 우울증에 시달려 결국 자살로 생을 마감하게 된 것도 다 이유가 있었던 것이다.

백거이는 우울증에 시달리며 수시로 발작증세를 일으키는 어머니의 병을 치료하고자 백방으로 약을 써보았으나 결국은 수포로 돌아갔다. 게다가 병세가 발작하면 낫으로 자신의 팔을 긋는 등 자해를 하여 늘 힘센 몸종에게 시중을 들게 했다고 한다. 결국 그녀는 꽃구경을 하다가 몸종이 한눈을 파는 사이에 우물에 뛰어들어 자살하고 만다.

훗날 백거이는 어머니의 죽음과 관련하여 그의 정적들로부터 패륜아로 몰려 곤경에 빠진다. 어머니가 우물에 빠져죽었는데도 우물과 꽃구경을 제재로 한 시를 읊은 건 인륜에 어긋나는 행위라는 것이었다. 어머니의 정신 병력과 죽음은 그에게 커다란 아픔과 상처와 그늘을 드리워 준 사건이었다.

백거이 감성세계의 깊은 수심과 격정의 파문은 어머니로부터 물려받은 유산이라 할 것이다.

-손에 굳은살이 박이도록 입 안이 헐도록

　백거이는 신동이었다. 그가 절친한 친구 원진에게 쓴 편지 「여원구서與元九書」에는 이런 기록이 있다.

> 생후 6~7개월쯤 되었을 때 유모가 나를 안고 글자가 쓰인 병풍 아래서 어르다가 병풍 위에 있는 '갈 지之'자와 '없을 무無'자를 가리키면서 나에게 일러주었다네. 난 그 때 너무 어려서 말은 못하였지만 마음속으로 그 글자를 기억해 두었지. 그 후 어느 것이 '무'자 이고 어느 것이 '지'자냐고 물었을 때 한 번도 틀리게 가리킨 적이 없었다네. 전생에 나는 이미 문자와 아주 인연이 많았던가 보네.
>
> 　　僕始生六七月時, 乳母抱弄於書屏下, 有指無字之字示僕者, 僕雖口未能言, 心已默識, 後有問此二字者, 雖百十其試, 而指之不差, 則僕宿習之緣, 已在文字中矣.
> 〔與元九書〕

　일찍부터 남달리 총명함을 보였던 백거이는 대여섯 살 때 이미 시 짓는 법을 배웠으며 9살 때 성률에 능통했다. 5대조까지 중앙의 하급관리 아니면 지방 관리를 지낸 별볼일 없었던 백씨 가문으로서는 이렇듯 총명한 백거이를 그대로 놓아둘 리 없었을 것이다. 가난하지만 백거이 하나만은 끝까지 공부시켜 집안의 대들보로 키우고 싶었을 것이며 온 집안의 희망을 그에게 걸었을 것이다.

　어려서부터 비범한 재주를 보이지 않았다면 백거이는 어쩌면 할아버지나 아버지처럼 명경과에 응시하여 지방관리의 길을 선택하여 그 길에서 일생을 마쳤을지도 모른다. 진사과 응시를 위해서는 시험준비에만 전념할 수 있는 경제여건이 마련되어야 했다. "나이 50에 진사에 합격해도 빠르다"고 할 정도로 진사합격에는 오랜 준비기간이 소요되었다. 진사과 준비에 필요한 서적이며 부족한 공부를 일깨워 줄 스승도 필요하였다. 그러니까 요즘으로 말하면 학원에 가거나 가정교사를 초빙할 돈이 필요했던 것이다.

　다행히도 백거이의 가정형편은 그리 풍족하지는 않았지만 아버지가 지방의 관리였고 어머니 또한 허리띠를 졸라서라도 백거이가 고시준비에 전념할 수 있도록 물질과 정신 양면의 지원을 아끼지 않았다. 어찌 부모만 그러했을까? 아마도 백씨문중 전체가 백거이를 후원했던 것 같다.

　백거이시집을 보면 가속의 생계와 혼사 등 걱정이 죽기 직전까지 나오는데 이는 백씨문중의 대소사와 문중의 경제생활을 일정부분 책임졌던 데서 비롯된 게 아닐까 싶다. 백거이가 직계 가족만 돌보았다면 평생을 관직에 있었고 관운도 비교적 순탄했던 그가 아내와 하나뿐인 자식만을 위해 돈 걱정을 그렇게 할 리 없었을 것이다.

　문중의 일가친척을 위해 백거이는 자신을 희생하였을 것이다. 일신의 안일과 정신의 자유만 추구하였다면 백거이도 도연명처럼 일찌감치 관직을 내던지고 귀거래사를 부르면서 은둔하였을지도 모른다. 문중의 일가친척을 위해 고달프더라도 참고 버티었던 자신의 신세를 누에와 벌에 비유하여 이렇게 읊은 적이 있다.

물고기들은 떼지어 따르며 마누라니 첩이니 하고　江魚群從稱妻妾
변새의 기러기는 줄지어 날면서 형님이니 아우라 하네.
　　　　　　　　　　　　　　　　　　　　　塞雁聯行號弟兄
세상에 친척이면 모두가 친척이지　　　　　　　但恐世間眞眷屬
가까운 친척 먼 일가는 억지로 부친 이름일 뿐.　親疏亦是强爲名
누에는 죽도록 고치를 짜도 제 몸 하나 못 가리고　蠶老繭成不庇身
꿀벌은 굶주리며 꿀을 따도 먹는 사람 따로 있네.　蜂飢蜜熟屬他人
나이 들어 집안걱정 떨치지 못하는 사람은　　　須知年老憂家者
누에나 꿀벌처럼 헛고생만 하는 거지.　　　　　恐是二蟲虛苦辛
　　　　　　　　　　　　　　　　　　　　　　〔禽蟲〕

　온 집안 대소가의 생계를 책임지느라 허리가 휘어졌던 자신의 모습을 자조적으로 읊은 시라고 하겠다.

　문중의 기대도 기대였지만, 천부적인 '끼'와 한우물을 파는 '꾼'의 정신까지 겸한 백거이는 입신양명의 꿈을 키우면서 일로 매진하였다. 밤낮을 가리지 않는 과거시험 대비였다. 입안이 헐도록 책을 낭송하였으며 손에 굳은살이 박이도록 글씨를 썼다. 책을 보느라 눈을 혹사하여 눈앞에 수만 마리의 모기떼가 어른거리는 듯한 착시현상이 일어나기도 했다.

이렇듯 착실하게 열심히 과거시험 준비를 하던 도중, 아버지가 세상을 떠났다. 그의 나이 23세 때였다.

가세가 기울자 백거이는 하던 공부를 중단하고 맏형에게 경제적 지원을 요청하기 위해 집을 떠나야 했다.

당시 백거이의 형 유문幼文은 부량현浮梁縣의 주부注簿로 재직하고 있었다. 부량은 지금의 강서성, 당시 백거이 일가는 하남과 하북지역 절도사의 반란을 피해 아버지 부임지였던 부리浮離, 그러니까 강소성 서주徐州에 거주하고 있었다.

강소성에서 강서성으로 가려면 안휘성을 거쳐 남쪽으로 내려가야 한다. 수로와 육로로 말이나 배로 이동하거나 두 발로 걸어다녔던 그 시절, 두 성을 오가려면 꼬박 반년이 걸렸다. 형한테서 쌀을 얻어다가 일가족의 끼니를 해결하기 위해 백거이는 혈혈단신 머나먼 길을 오가야 했다. 그러한 그 당시의 가난과 고통은 지워지지 않는 낙인이 되어 그의 가슴 속에 선명하게 찍혔으며 신분상승 집념은 이를 계기로 더욱 확고해졌다.

『전당시全唐詩』에서 빈곤貧困 두 자를 검색하면 시인별로 시 제목이 나타나는데 2,500여 명의 시인 가운데 백거이가 단연코 선두자리를 차지한다. 당나라 시인 중에서 가장 가난한 사람하면 두보를 떠올리게 마련이다. 기아로 어린 아들조차 잃을 정

굶주린 끝에 폭식이 화근이 되어 이세상을 떴던 두보. 하지만 가난의 고통과 한을 가장 많이 거론한 사람은 백거이였다.

도로 가난했고, 태풍에 지붕의 이엉이 날아가서 밤새도록 비를 맞았다. 돌처럼 차가운 딱딱한 솜이불 하나로 온 가족이 웅크리고 잠을 잤으며, 굶주린 끝에 폭식한 것이 화근이 되어 이 세상을 떴던 두보였다.

그러나 우리의 예상을 뒤엎고 가장 많이 '빈곤'을 거론한 사람은 백거이였다. 아마도 감수성이 예민하였던 시기, 아버지를 여읜 슬픔이 채 가시기도 전에 끼니해결을 위해 부리와 부랑을 오가면서 느꼈던 절박하고 암담한 현실과 가난의 고통과 한이 가슴 속 깊이 박혀서인지도 모른다. 한은 성공의 원동력이라고 했던가? 각고노력 끝에 백거이는 드디어 오매불망하던 신분상승의 첩경, 과거시험에 합격한다. 그의 나이 29세 때였다.

──○ 2.

연줄 없던 백거이 '꾼'으로 승부를 걸다

요즘 세간에서는 흔히들 출세를 하려면 적어도 쌍기역 3개는 갖추어야 한다고 말한다. 바로 '꿈·꾼·끈'이 그것이다. 꿈은 목표를 설정하는 것이요, 꾼은 목표를 향해 프로정신을 가지고 끈질기게 매진하는 것이다. 그리고 그 노력과 목표를 이루어주는 관건은 역시 끈의 힘이 아닐까? 끈, 그것은 운수 내지 팔자로 표현되는 조물주 혹은 절대자의 끈일 것이다. "최선을 다 하고 나서는 천명을 기다린다", 즉 "진인사대천명盡人事待天命"이라고 할 때의 '대천명'이 바로 그것이다.

중국은 6조시대까지만 해도 문벌귀족 소수그룹이 정치를 농단하였다. 그들은 벼슬을 세습하였으며 특권을 향유하였다. 그러나 당왕조의 성립과 함께 문벌제도는 해체되었다. 당왕조의 주인이 된 이씨 자체가 별볼일 없는 성씨였으므로 정권을 잡은 뒤 기득권 세력을 해체하거나 약화시키는 조치를 단행했다. 폐

쇄적이었던 정치권이 서족출신의 새로운 구성원들에게 문호를 개방한 것이다.

새로운 패러다임으로 구축된 질서는 관리 선발방식에서도 변화를 초래하였다. 관리 선발방식이 기존의 천거위주에서 공개채용으로 그 전형방법이 바뀐 것이다. 부모 잘 둔 덕에 일정한 연령에 이르기만 하면 관리가 될 수 있고, 또 그들에 의해 정치가 농단되던 기존의 문벌귀족 위주의 시스템이 이제 출신을 불문하고 공개채용으로 관리를 뽑는 새로운 시스템으로 바뀐 것이다. 가난을 대물림했던 일반서민들도 실력만 인정받으면 일약 통치그룹으로의 진입이 가능해진 것이다. 특히 당 현종 개원·천보 이후에는 시문으로 관리를 뽑는 진사과 출신의 관료들이 비교적 승진도 잘 되었고 또 중당 이후 재상들은 거의 진사과 출신 가운데서 나왔으므로 진사과가 각광을 받게 되었다.

당나라 문인들 가운데 유독 별난 이백李白만이 과거에 응시하지 않고 일약 재상이 되려는 야망을 가졌었을 뿐, 그를 제외한 대부분의 지식인들이 과거에 목을 매달았다 해도 과언이 아니었다. 원나라 신문방辛文房의 『당재자전唐才子傳』을 보면 당나라 시인 278명을 수록하고 있는데 그 중 진사에 급제한 사람이 171명으로 과반수 이상을 차지한다. 기타 과거시험에 응시한 자 혹은 과거에 응시하였다가 불합격한 사람은 포함하지 않았는데도 이러하니 진사과 출신의 세력이 막강하였음을 알 수 있다.

보잘것없고 가난한 서족출신인 백거이에게 있어서 과거시험의 합격은 장밋빛 미래를 보장받는 유일한 길이었다. 하지만 과거시험은 그야말로 바늘구멍으로 낙타 들어가기였다. 오죽하면 나이 50에 진사에 합격해도 늦지 않다는 말이 있었을까? 과거시험 합격은 그야말로 복권에 당첨되는 것만큼 운도 따라야 했다. 실력만 있다고 과거에 합격할 수 있는 게 아니었다.

연줄도 중요했다. 연줄을 찾아 청탁이 난무하기는 과거 권위주의 시대의 어둡던 우리네 세상과 별반 다를 게 없었다. 수험생들은 너나 할 것 없이 힘깨나 쓰는 명사들을 동원하여 고시위원들에게 눈도장 한번 찍으려 혈안이 되어 있었다. 하지만 백거이에게는 그럴 만한 빽도 돈도 없었다. 그는 생판 모르는 당시의 저명인사 진경陳京에게 이런 편지를 올렸다.

정월 모일에 향공鄕貢의 자격으로 진사시에 응시하는 백거이는 삼가 종놈을 보내어 급사중 어른께 편지를 올립니다. 생각건대 어르신 문 앞에는 어르신을 뵙고자 하는 자들이 숲처럼 많을 것이요, 글을 바치려는 자들이 구름 같이 많을 테지요. 많기야 많겠지만 그들의 말을 들어보면 다 같은 말일 것이요, 그들의 뜻을 살펴보면 다 한 가지 뜻일 것입니다. 그게 무엇이겠습니까? 모두가 자기의 글을 기려주거나 칭찬해주기를 바라는 것일 겁니다. 하지만 저는 그렇지 않습니다. 제가 어르신을 직접 뵙기를 청하지 않고 편지를 올리는 것은 다만 어르신에 대한 존경심을 표시하고 의심나는 것을 여쭙고 싶어서이지 다른 선비들처럼 기려주거나 칭찬해 주시기를 바라서가 아닙니다. 하오니 어르신께서 잠시 저에게 유념해주시지 않으시렵니까? 무릇 진사에 응시하는 사람치고 잘났든 못났든 모두 급제하여 이름을 이루고 싶지 않은 사람이 어디 있겠습니까? 저만 그런 게 아닐 것이라 믿습니다. 그리하여 저 역시 진사가 되고 싶은 마음에 능력도 헤아리지 않고 무조건 밤낮으로 열심히 공부한 지 10년 만에 겨우 향시에 합격하였습니다.… 어르신은 천하 문단의 으뜸이며 당대 최고의 안목을 가지고 계십니다. 제 학문이 아직은 보잘것없지만 그래도 제 속뜻을 감히 펼쳐보이고자 합니다. 저는 참으로 미천한 사람이어서 조정에는 저를 이끌어 줄 사람 하나 없고 고향에는 저를 자랑해 줄 사람 하나 없습니다.

그렇다면 뭘 믿고 왔겠습니까? 믿는 건 제 실력이고 바라는 건 시험관들의 공정한 채점일 뿐입니다. 이번에는 예부의 고시랑께서 출제위원장이 되셨다하오니 참으로 공정하다고 하겠습니다. 그런데 제 글재주는 가망이 있는지 없는지 아무리 생각해도 모르겠습니다. 가망이 있는지 없는지 의심스러운 것을 급사중님의 결정에 따르고자 합니다. 급사중께서 모른 척 하실 리 있겠습니까? 잡문 20수, 시 100수를 바치오니 부디 간절한 제 마음을 헤아리시어 하찮다고 모른 척하지 마시길 바랍니다. 퇴근 후 틈을 내시어 제발 제 글의 수준을 한번 평가해 주시기를 바랍니다.

> 正月日, 鄕貢進士白居易, 謹遣家僮奉書獻於給事閣下, 伏以給事門屛間 請謁者如林, 獻書者如雲, 多則多矣, 然聽其辭, 一辭也. 觀其意, 一意也. 何者? 率不過有望於吹噓翦拂耳. 居易則不然, 今所以不請謁而奉書者, 但 欲貢所誠, 質所疑而已, 非如衆士有求於吹噓翦拂也. 給事得不獨爲之少 留意乎? 大凡自號爲進士者, 無賢不肖皆欲求一第, 成一名, 非居易之獨

기약없이 떠도는 나그네 이별의 슬픔을 옛길·옛성까지 무성하게 뒤덮은 봄풀로 형상화한 백거이의 출세작.

慕耳. 旣慕之,所以切不自察,嘗勤苦學文,迨今十年,始獲一貢 … 伏以給事,天下文宗,當代精鑒. 故不揆淺陋,敢布腹心. 居易鄙人也. 上無朝廷附離之援, 次無鄕曲吹煦之譽. 然則孰爲而來哉? 蓋所仗者文章耳,所望者主司至公耳. 今禮部高侍郎爲主司,則至公矣. 而居易之文章,可進也,可退也? 切不自知之, 欲以進退之疑,取決於給事,給事其能捨之乎? 謹獻雜文二十首,詩一百首, 伏願俯察悃誠,不遺賤小,退公之暇,賜精鑒之一加焉.

이 글을 액면 그대로 믿는다면 백거이는 실력 하나 믿고 과거시험에 도전했던 사람임을 알 수 있다. 하지만 백거이의 편지를 받은 급사중 진경은 당시 출제위원장과 절친한 친구였기에 위원장에게 접근하려는 의도가 있었음을 배제할 수 없다. 아무래도 지푸라기라도 잡고 싶은 심정으로 연줄을 모색한 듯하다.

백거이 역시 그 사회의 한 인간이었다. 백거이의 자신을 알리기 위한 노력은 시험을 코앞에 두고 즉흥적으로 이루어진 것이 아니라는 사실을 다음 시와 관련된 일화를 통해서도 알 수 있다.

시푸르게 자란 언덕 위의 풀	離離原上草
한 해에 한 번씩 시들었다 무성해지네.	一歲一枯榮
쥐불을 놓아도 다 타지 않고	野火燒不盡
봄바람 불어와 또다시 돋아났네.	春風吹又生
향기로운 풀 옛길까지 널리 번지고	遠芳侵古道
맑은 하늘 황량한 옛성까지 이어졌다네.	晴翠接荒城
또 나그네를 전송하노라니	又送王孫去
이별의 슬픔 가슴에 가득하네.	萋萋滿別情

고학힐顧學頡의 「백거이연보」에 따르면 백거이는 이 시를 18세 때에 지었다. 제목이 「부득고원초송별賦得古原草送別」인데, '부득賦得'은 옛사람의 기존 시구詩句을 제목으로 삼을 경우에 붙인다. 과거시험에서 시적 재능을 테스트하기 위한 시제를 주로 옛사람들의 시구로 출제했는데, 뒷날 시첩시試帖詩(과거시험에 쓰이던 시)라 하였다.

백거이는 과거시험의 예상시제를 뽑아 이 시를 지어 당시의 명사 고황顧況을 방문하였다. 고황의 집은 늘 청운의 꿈을 안고 자신의 존재를 알리기 위하여 찾아오는 젊은이들의 발길로 북적댔다. 백거이 역시 오랜 시간을 기다린 끝에 어렵게 고황을 만나 이 시를 바쳤다. 시가 괜찮으면 밀어달라는 의도였다.

첫 두 구절을 읽은 고황의 반응은 시큰둥하였다. 뿐만 아니라 조소하는 말투로 이렇게 말했다고 한다. "이름이 거이라고 하였던가? 장안의 물가가 얼마나 비싼데, 이 실력 가지고 버티기가 쉽지 않을걸…" 즉 고황은 이런 시구로는 '쉬울 이易'자가 들어가 있는 이름처럼 과거에 합격하기 쉽지 않다고 희롱한 것이다. 그러다가 "쥐불을 놓아도 다 타지 않고 봄바람 불어와 또다시 돋았났다〔野火燒不盡, 春風吹又生〕"에 이르러서는 깜짝 놀라면서 이 정도 실력이라면 두려울 게 뭐가 있냐면서 칭찬을 아끼지 않았다고 한다. 백거이라는 이름 석 자가 드디어 당시의 수도였던 장안의 지식인들 사이에 알려진 순간이었다. 아니 오늘 우리들에게 알려지는 순간이었다.

고황이 주목한 부분뿐만 아니라 이 시의 끝 두 구는 우리를 놀라게 하는 절창이다. 옛길·옛 성까지 초록으로 무성하게 뒤덮은 봄풀이 상징하는 재생의 의지는 돌아올 기약 없이 떠도나그네와 이별하는 슬픔과 허망이 되고 만다. 게다가 끝내 무망하다 할지라도 끝까지 재회의 희망을 포기하지 않고 시도하겠다는 악착같은 의지가 함축되어 있기도 하다.

휴대폰을 매개로 한 이모티콘과 짤막한 메시지가 소통의 주요수단이 된 오늘에도 중국의 젊은이들은 이별에 즈음하여 이 시를 종종 인용하고 있다. 이별의 슬픔과 사랑의 미련이 잘 형상되어 있는데다가 짧은 언어의 경제성과 고도의 형상성이 신세대의 취향과 휴대폰에 잘 부합되기에 그런 것일 터이다. 이렇듯 장기계획, 치밀한 준비, 각고의 노력 끝에 백거이는 드디어 과거에 급제를 한다. 그 기쁨을 이렇게 읊었다.

십 년 동안 고생고생 열심히 공부하여	十年常苦學
외람되게도 한 번 만에 과거급제 하였네.	一上謬成名
시험에 합격만 하였을 뿐 아직은 미천한 몸	擢第未爲貴
친지들 축하받고 나서야 영광스럽지	賀親方始榮
유명한 인사 대여섯이	時輩六七人
임금님 계신 장안성에서 나를 전송하였네	送我出帝城
수레는 떠날 채비 마쳤고	軒車動行色
악기는 이별가를 연주하네.	絲管擧離聲
뜻을 이루니 이별의 서러움도 줄어들고	得意減別恨
거나하게 취하니 먼 여정도 가깝게 그지없네.	半酣輕遠程
나는 듯 질주하는 말발굽	翩翩馬蹄疾
봄날 고향으로 돌아가는 이 즐거움!	春日歸鄕情

〔「及第后歸覲, 留別諸同年」〕

가벼운 말발굽만큼이나 고향으로 가는 그의 마음도 가볍고 즐거웠다. 지난날의 고생이 한순간에 영광이 되었다. 하지만 여기서 만족할 그가 아니었다. 분발 노력하는 그의 성실성은 다음의 잠언에서 더욱 잘 드러난다.

뜻은 굳세게 계획은 원대하게, 덕은 날로 닦고, 도는 날로 이룰 것, 행동과 예절은 규범에 맞게 할 것, 학업은 늘 꾸준하게 할 것이며 게으름 피우지 말 것, 직책은 순리를 쫓아 조급히 구하지 말 것, 일덕과 오상으로 인격을 도야하고 사과와 육예로 실력을 쌓을 것, 수레를 잘 몰려면 재갈을 물리고 채찍을 가해야 빨리 달릴 수 있다. 무쇠를 잘 들게 하려면 숫돌에 대고 갈아야 칼날이 날카로워 잘 사용할 수 있다. 진사과에 합격하여 이름을 날렸다고 자만하지 마라. 아직은 모자란다고 생각하고 늘 높은 산도 흙 한 삼태기가 모자라서 이루어질 수 없다는 것을 명심하라. 과거에 좋은 성적으로 합격해서 높은 벼슬에 오르지 못할 것이라고 나 자신을 업신여기지도 말자. 천릿길도 한 걸음부터 시작한다는 것을 늘 명심하자.

惟勖乃志 遠乃猷 俾德日修 道日就……庶俾行中規文中倫. 學惟時習罔怠棄 位惟馴致罔躁求. 惟一德五常陶甄於內 惟四科六藝斧藻於外. 若御輿, 旣勒銜策 乃克駿奔 若冶金, 旣砥淬勵 乃克利用. 無曰擢甲科, 名旣立而自廣自滿, 尙念山九仞虧於一簣 無曰登一第 位其達而自欺自卑 尙念行千里始於足下.

〔「箴言」〕

과거에 급제하면 금방 신분상승을 보장받는 것일까? 그렇지 않다. 과거급제는 단지 관리가 될 수 있는 자격증을 딴 것에 불과했다. 자격증이 있다고 다 임용되는가? 그렇지 않다. 자격증 소지자들끼리 모여서 경쟁을 벌이고 거기에서 우수한 성적을 거둔 자 만이 관리에 임용되는 것이다. 변호사 자격증·회계사 자격증·변리사 자격증을 가지고도 기업체나 로펌의 유관부처에 채용되지 못하면 별볼일 없는 것과 같은 이치다. 백거이가 진사합격의 성취에 만족하지 않고 달리는 말에 채찍을 가하듯 끝없이 업그레이드를 시도한 이유는 바로 이러한 사정에서도 기인한다.

당나라 때 인재 선발방식은 주지하다시피 기본적으로 3단계의 테스트를 거쳐야 했다. 첫 단계는 바로 향시, 즉 출신지역에서 실시하는 시험에 통과해야 2차시험을 볼 수 있다. 2차시험은 바로 중앙의 예부에서 주관하는 시험이다. 흔히 말하는 명경과니 진사과니 하는 것은 모두 2차시험에 속한다. 2차시험에 합격하면 비로소 관리가 될 자격을 얻는다. 하지만 3차시험인 전시, 즉 이부에서 주관하는 시험에 합격해야만 비로소 관직이 부여된다. 전시에서는 신身·언言·서書·판判, 그러니까 용모·언변·글쓰기·판단능력을 주로 보는데, 그 중 특히 형사사건에 대한 판결능력인 '판'을 집중적으로 테스트한다.

백거이는 진사에 합격한 이후 고향으로 돌아가 부모와 친지를 만나고 강남을 유람하며 견식을 넓힌 뒤 다시 장안으로 돌아와 3차시험을 준비하였다. 백거이 문집을 보면 「백도판百道判」이라는 제목의 글이 보인다. 이것은 바로 100가지 형사안건을 상정하고 그에 대한 판결문을 작성한 것이다. 백거이가 얼마나 성실하게 시험준비를 하였는지 짐작할 수 있게 해준다.

　31살 겨울, 그는 서판발췌과書判拔萃科에 급제하였고, 이듬해 봄 즉 32살에 교서랑校書郞에 임명되어 관리로서의 첫발을 내디디게 된다. 교서랑이란 궁중에 설치된 도서관에 소장된 전적을 교감하거나 정리하는 직책이다. 요즘으로 말하자면 중앙도서관 사서에 해당한다고 할 수 있다. 국정에 적극 참여하여 포부를 펼쳐보는 것과는 상당히 거리가 먼 보잘것없는 직책이지만 새내기 관리로서 반드시 거쳐야 하는 자리였다. 수많은 전적을 마음껏 볼 수 있어 견문과 식견을 넓히는 데 그만이었다.

　2년여 동안 교서랑에 있던 백거이는 새로운 도약을 위해 교서랑 직에서 물러나 다시 제거制擧 응시준비에 돌입하였다. 제거는 황제의 명령에 의해 수시로 실시되는 시험으로서 대부분 진사합격자 및 현직관리들이 응시하였다. 오늘날의 승진시험에 해당하는 것으로 보면 되겠다.

　제거준비는 절친한 과거시험 동기생인 원진과 함께했다. 원진은 백거이보다 7살 아래였지만 둘은 정치적 반려자이자 술친구이자 문학친구로서 서로를 격려하며 오랫동안 우정을 나눈 사이였다. 백거이와 원진은 도교 사원인 화양관華陽觀으로 들어가서 두문불출하고 시험준비에 매달렸다.

　세상과 인연을 끊고 고시촌이나 절간에 들어가 머리 싸매고 시험준비를 하는 건 비단 어제오늘의 현상이 아닌 것이다.

둘은 정치·경제·사회·군사·형법·문화 각 분야에 대한 광범위한 담론을 거쳐 이상적인 지향점을 모색하고 시험 예상문제를 내보기도 하고 열띤 토론을 벌이며 답안작성을 해보기도 하였다. 이 때 완성한 논설문을 모아놓은 것이 바로 「책림策林」 75편이다.

백거이 나이 35살 되는 해 4월, 그는 원진과 함께 재식겸무명어체용과才識兼茂明於體用科에 응시하여 나란히 합격한다. 이로써 백거이는 29살에 진사에 급제하고 32살 서판발췌과에 합격한 데 이어 35살에 다시 재식겸무명어체용과에 합격한 것이다. 연거푸 3번 시험에 응시하여 합격한 것이다. 조정에는 가까운 친척 하나없고, 고관대작 가운데는 아는 사람 하나없는 상황에서 순전히 스스로 각고노력하여 이루어낸 결실인 것이다. 백거이는 그런 자신을 몹시 자랑스러워하면서 이렇게 회고하였다.

처음 진사시험에 응시하였을 때, 조정에는 가장 가벼운 상복을 입을 만큼의 먼 친척 하나 없었고, 고관대작 가운데는 얼굴하나 아는 사람 없었습니다. 질주하는 길 위에서 절름거리는 발걸음에 채찍을 가하였고 글실력을 겨루는 시험장에서 맨주먹을 불끈 쥐었습니다. 십 년 사이에 3번이나 등과하여 이름을 날렸습니다. 고귀한 관직을 받고 훌륭한 친구들과 사귀었으며 황제를 가까이서 모셨습니다. 얼마 전에 친구들이 하는 말을 들으니 예부나 이부에서 관리를 뽑을 때 대부분 내가 이전에 시험볼 때 작성했던 시문과 판결문을 모범답안으로 삼았다고 하더군요. 나머지 시구 또한 왕

왕 사람들의 입에 오르내렸다하니 저는 정말 부끄러워 그 말을
믿지 않았습니다.

> 初應進士時, 中朝無緦麻之親, 達官無半面之舊, 策蹇步於利足之途,
> 張空拳於戰文之場, 十年之間, 三登科第, 名入衆耳, 迹升淸貫, 出交
> 賢俊, 入侍晜旒. …日者又聞親友閒說, 禮吏部擧選人, 多以僕私試賦
> 判, 傳爲準的, 其餘詩句, 亦往往在人口中. 僕悤然自愧, 不之信也.

백거이의 성공의 비결은 무엇이었을까? 그건 바로 출중한 재주와 피나는 노력 거기에다 행운까지 따라주었던 것이다. 재주, 노력, 행운 세 가지 중 어느 하나라도 없으면 이룰 수 없는 것이었다.

황제 앞에서 치른 시험에서 백거이는 지나치게 직설적인 답안을 작성하여 그다지 좋은 점수를 얻지는 못했으나 어쨌든 합격하여 섬서성 주질현盩厔縣 현위에 임명되었다. 주질현은 장안에서 서남쪽으로 약 1백여 리에 위치하며 경조부京兆府가 관할한다. 요즘으로 치면 서울근교 위성도시의 관리로 임명된 셈이다.

현위는 정9품 하에 속하며 임무는 주로 주州에 소속된 각 기관의 업무를 총괄하는데, 2명의 현위가 각각 분담한다. 이밖에 황제를 대신해서 세금을 거두어들이는 일을 하며 납세를 하지 못한 백성들을 형벌로 다스리는 업무를 수행한다. 가난하고 헐벗은 백성에게 세금을 독촉하거나 형벌을 집행하는 건 백거이처럼 가난의 고통을 절실히 맛보았던 사람으로서는 차마 못할 짓이었다. 관리생활의 어려움을 그는 이 때 처음으로 느끼게

된다. 그 심사를 그는 이렇게 읊었다.

허리를 굽히고 또 두 손을 모으느라	低腰復斂手
심신이 편할 겨를이 없네.	心體不遑安
속세에 한번 떨어지고 나니	一落風塵下
비로소 알겠네, 벼슬살이의 어려움을.	始知爲吏難
공무는 날로 늘어나는데	公事與日長
벼슬하고픈 맘 점점 시들해지누나.	宦情隨歲闌
슬프다 푸른 적삼 소매 깃에는	惆悵靑袍袖
이제는 향기가 반도 안 남았구나.	芸香無半殘

〔「酬李少府曹長官舍見贈」〕

신출내기 관리로서 업무수행의 어려움을 솔직하게 읊은 시라고 할 수 있다. 막상 관리가 되고 보니 너무나 이상과 동떨어진 생활이다. 이상적인 삶의 향기가 점차 사라지는 현실이 서글픈 것이다. 하지만 주질현盩厔縣은 종남산 자락에 있으며 산세가 좋고 경내에는 명승고적도 적지 않았다. 성 동남쪽에는 널따란 대나무숲으로 이루어진 사죽원司竹園을 위시하여 석용石龍 두 마리가 비늘을 한번 움직이기만 하면 종소리가 난다는 망선택望仙澤, 흙색 물빛을 띤 깊은 호수 오룡담五龍潭, 그리고 그곳에서 멀지 않은 곳에 선유사仙遊寺가 있다.

또 주질현 동쪽 3십 리 쯤 떨어진 곳에는 두 개의 도교사원이 있었는데 하나는 상청태평궁이요, 다른 하나는 흥국관이었다. 이것으로 보아 주질현은 도가사상이 매우 농후했던 지역이었음을 알 수 있다. 그 곳에서 백거이는 여가를 틈타 현지의 명사들과 사귀면서 유유자적한 생활을 만끽하기도 하였다.

뒷날 불후의 명작이 된「장한가長恨歌」는 주질현에서 사귄 친구 왕질부王質夫・진홍陳鴻과 함께 선유사에 놀러가 우연히 당 현종과 양귀비의 민간전설을 이야기하다가 그 희대의 러브스토리에 감동을 받고 지은 작품이다. 장한가는 도가적 색채가 농후한데 이는 주질현의 환경이 백거이의 문학적 상상력을 풍부하게 하는 데, 한몫했음을 알 수 있으며, 그 곳에서의 삶은 그의 문학적 명성을 높이는 데 크게 기여를 했음을 알 수 있다.

3. 장한가, 이루지 못한 사랑이여, 이별의 한이여!

주질현 현위 재직당시 백거이 나이 서른다섯. 28세에 향시에 합격한 이래 연거푸 3차례 큰 시험에 합격하였으니 그만하면 실력도 인정받았고, 정계진출도 순항을 거듭하였다고 할 수 있다. 그 나이에 그만한 지위와 실력을 가졌으면 시쳇말로 일등신랑감 후보라 해도 과언이 아닐 것이다. 하지만 그 때까지 백거이는 노총각 신세를 면치 못하였다. 왜 그랬을까? 무슨 말 못할 사연이라도 있는 걸까? 피치 못할 사연이라도 있었던 것일까?

백거이시집에는 그의 연인의 이름으로 추정되는 「상령湘靈」이라는 제목으로 쓴 시가 두 수 수록되어 있으며, 그녀와의 사랑을 읊은 것으로 추정되는 시가 여러 편 보인다. 시는 깊은 연정과 이루어질 수 없는 사랑의 회한, 생이별의 아픔을 절절히 읊고 있다.

관련시를 소개하면 아래와 같다.

❶「동지야회상령冬至夜懷湘靈」

아름다운 그 모습 볼 수 없어	艷質無由見
차가운 이불 가까이 할 수 없네.	寒衾不可親
긴긴 밤 서로 떨어져	何堪最長夜
홀로 잠드는 신세여!	俱作獨眠人

❷「기상령寄湘靈」

흐르는 눈물 매서운 추위에 얼어붙고,	淚眼凌寒凍不流
높은 곳 지날 때 마다 고개 돌려 바라보리.	每經高處卽回頭
이별 후 홀로 서루에 올라	遙知別後西樓上
난간에 기대어 수심에 젖었으리.	應凭欄干獨自愁

❸「생이별生離別」

황경나무와 매실은 먹기 어렵습니다.	食檗不易食梅難
황경은 쓰기도 하여라, 매실은 시지요.	檗能苦兮梅能酸
그래도 생이별의 쓰라림보다는 덜하지요.	未如生別之爲難
이별의 쓰고 신맛은 마음속에 있습니다.	苦在心兮酸在肝
새벽닭 두 번 울어 달도 져버리니	晨鷄再鳴殘月沒
떠나는 말 연거푸 울며 길을 재촉하는데	征馬連嘶行人出
뒤돌아보니 나의 사랑 한바탕 웁니다.	回看骨肉哭一聲
신 매실, 쓴 황벽은 오히려 꿀처럼 단데	梅酸檗苦甘如蜜
차디찬 황하, 누런 가을 구름	黃河水白黃雲秋
물가에 서서 수심에 차 바라봅니다.	行人河邊相對愁
차가운 하늘 텅 빈 들판 어느 곳에서 잘까요?	天寒野曠何處宿

산앵도 배나무 잎은 바람에 우수수 떨어집니다.　　棠梨葉戰風颼颼
아! 애달픈 생이별이여 생이별이여!　　　　　　　　生離別 生離別
슬픔은 끊임없이 이어집니다.　　　　　　　　　　　憂從中來無斷絶
북받치는 슬픔에 억장이 무너져　　　　　　　　　　憂極心勞血氣衰
서른도 안됐는데 백발이 돋았습니다.　　　　　　　　未年三十生白髮

❹ 「잠별리潛別離」
울 수 없어요,　　　　　　　　　　　　　　　　　　不得哭
남몰래 이별해야 하기에　　　　　　　　　　　　　　潛別離
말 할 수 없어요,　　　　　　　　　　　　　　　　　不得語
남 몰래 사랑하기에　　　　　　　　　　　　　　　　闇相思
우리 둘 이외는 아무도 몰라　　　　　　　　　　　　兩心之外無人知
깊은 새장 한밤에 갇힌 홀로 자는 새　　　　　　　　深籠夜鎖獨棲鳥
봄날 날카로운 칼날에 잘린 연리지　　　　　　　　　利劍春斷連理枝
황하수 탁하지만 맑아질 날 있고　　　　　　　　　　河水雖濁有淸日
까마귀 머리 검지만 희어질 날 있으리　　　　　　　烏頭雖黑有白時
오로지 남몰래 이별해야 하기에　　　　　　　　　　有唯潛離與闇別
우리 서로 기꺼이 기약없이 헤어져야 하리.　　　　　彼此甘心無後期

❺ 「장상사長相思」
구월이라 가을바람 불어　　　　　　　　　　　　　　九月西風興
차가운 달빛 아래 무서리 내린다.　　　　　　　　　月冷霜華凝
님 생각에 가을 밤 깊어가는 줄 모르고　　　　　　　思君秋夜長
밤새도록 마음이 혼란스러웠어요.　　　　　　　　　一夜魂九升

이월이라 봄바람 불어와	二月東風來
푸른 싹 틔우고 꽃술도 벌어졌어요	草坼花心開
님 생각에 봄날이 길기만 하여	思君春日遲
하루 종일 애간장이 다 녹았어요.	一日腸九廻
저는 낙교 북쪽에 살고요,	妾住洛橋北
당신은 낙교 남쪽에 살지요.	君住洛橋南
열다섯에 당신을 처음 만나	十五卽相識
지금은 스물두 살	今年二十三
여라풀* 같은 나의 신세	有如女蘿草
소나무 같은 당신 곁에서 자랐지요.	生在松之側
여라줄기 짧디짧고 소나무 가지는 높기만 하여	蔓短枝苦高
아무리 감고 올라가려 해도 올라갈 수 없어요.	縈迴上不得
사람들은 말하지요, 누구나 소원이 있는데	人言人有願
소원이 지극하면 하늘이 반드시 이루어 준다고요.	願至天必成
머나먼 이역땅 들짐승 되어	願作遠方獸
언제나 나란히 함께 다니고 싶어요.	步步比肩行
깊고 깊은 산 속에 나무가 되어	願作深山木
가지마다 이어진 연리지 되고파요.	枝枝連理生

※ '여라'는 일종의 넝쿨식물. 다른 식물을 감고 올라가야 성장할 수 있다.

'사랑은 눈물의 씨앗'이란 속설이 있다. 식상한 죽은 비유이지만 세속의 삶에서 나름대로 진정성이 있다. 감정도 그러하다. 사랑이 눈물의 씨앗이듯, 감정은 시의 씨앗이다. 시 속에 나타난 감정은 시인 자신의 주관적 감정임을 부인할 수 없을 것이다. 감정은 대상으로부터 자극을 받았을 때 나오며 자극이 크면 클수록 감정의 울림도 크다. 감정을 자극하는 대상은 시인의 개인적 처지 내지는 사회적 환경 혹은 자연적 환경에 다름 아니다. 체험은 물론 대상의 자극으로부터 나온다. 체험이 생생하면 할수록 감정 또한 생동한다. 서정시의 경우 대개 작중에서 말하는 사람, 곧 시적 자아는 시인 자신과 일치하기 쉽다.

모든 시의 화자가 시인과 일치하지는 않는다. 시는 화자의 주관적 감정의 표현이지만 화자는 시인이 창조한 허구인물일 가능성이 상존하기 때문이다. 게다가 시는 예술작품으로서 만들어진 것이며 독립된 세계로 독자에게 제시된 것으로도 봐야 하기 때문이다.

그런데 중국 고전시가의 경우 시 짓기는 예술행위이기 이전에 삶의 일부였다. 시인이 따로 있지 않았고 과거를 치른 관료는 물론 모든 지식인이 다 시인이었으며 일상의 희로애락을 읊었다. 즉 시는 특별하면서도 특별하지 않은 말하기의 한 방식이었으며 인간개체가 심미차원을 곁들여 감정과 의지를 표현하는 한 수단이었다. 따라서 중국 고전시에서 여러 종류의 예외를 충분히 인정하면서도 시 속의 화자가 대부분 시인과 일치할 가능성이 있다고 할 수 있으며, 우선 보기에 달라 보인다고 할지라도 현상만 그러할 뿐 동일한 내면의 표출일 수 있다.

시인은 여러 사람의 목소리로 말하기도 한다. 시인은 여자이지만 시의 화자는 남자일 수도 있다. 시 속의 감정도 마찬가지이며, 또 주관적 감정을 객관화시켜 보편성을 획득할 때 많은 독자들의 공감을 얻을 수 있는 것이다. 중국 고전시가에 보이는 대언체 시는 시인의 직접 피력과 무관한 것으로 볼 수 있지만 이러한 각도에서 볼 수도 있는 것이다.

백거이시집에도 대언체代言體 형식을 띤 시가 있으며 시제는 대부분 '代~'의 형식*이나 시적 화자의 시각이 3인칭인 경우가 많다. 하지만 시는 거듭 말해 개연성 있는 허구이기도 하기에 화자나 메시지가 시인이거나 시인의 삶 자체라고 보기에는 여전히 신중해야 할 필요가 있다.

<small>*『白居易集』권18 律詩,「代州民問」; 권19,「代人贈王員外」; 권20,「代謝好妓答崔員外」·「代賣薪女贈諸妓」.</small>

이러한 관점에 입각해서 위 예시를 살펴보면 우리는 백거이의 삶의 한 부분, 즉 백거이의 애정사를 추측해 볼 수 있다. 백거이가 상령을 처음 만난 시기는 대략 23세 전후, 둘은 이부자리를 함께 할 정도로 깊이 사랑하는 사이였다. 이런저런 일로 잠시 떨어졌다 만났으며 이별할 때마다 가슴 시리도록 아파했음을 알 수 있다.

하지만 둘의 사랑은 이루어질 수 없는 사랑이었다. ❺의 "여라풀 같은 나의 신세, 소나무 같은 당신 곁에서 자랐지요. 여라줄기 짧디짧고 소나무 가지는 높기만 하군요. 아무리 감고 올라가려 해도 올라갈 수 없어요"에서 그들의 사랑은 아마도 신분의 격차 때문에 이루어질 수 없었던 것으로 추측할 수 있다.

이루어질 수 없는 사랑, 드러낼 수 없는 사랑이기에 모호하고 몽롱하게 사랑의 고통을 읊었다고 하겠다.

❹의 "깊은 새장 한밤에 갇힌 홀로 자는 새" "봄날 날카로운 칼날에 잘린 연리지"는 이별의 상황에 놓인 두 사람의 신세를 극적으로 형상화하는 환유이다. 시적 화자와 연인을 생생하게 부각

땅에서는 연리지가 되게 해 주세요. 영원히 함께하고 싶은 연인들의 소원.

시킨다. 연리지는 서로 다른 나뭇가지가 맞닿아 하나를 이룬 상태를 말하며 사랑으로 일체가 된 연인을 비유한다. 그런데 이 연리지가 날카로운 칼날에 잘렸다. 타의가 작용한 이별을 시사한다.

'봄날'은 만물이 소생하고 약동하는 계절이다. 그런데 가지가 잘려야 하는 신세가 되었다. "황하수 탁하지만 맑아질 날 있고" "까마귀 머리 검지만 희어질 날 있으리." 황하수는 영원히 맑아질 날이 없는 탁한 강물이고 까마귀 머리 역시 영원히 하얗게 변할 수 없다. 변할 수 없는 자연현상을 오히려 변할 수 있는 대상으로 묘사한 이유는 무엇일까? 두 사람은 이제 영원히 만날 수 없다는 것을 강조하기 위한 시적 장치이다.

만날 수 없는 이별의 고통과 사랑의 욕망이 심금을 울린다.

원치 않는 이별을 하였기에 사랑의 아픔과 상처도 오래도록 지울 수 없었다. 이루어질 수 없는 그 사랑을 이루기 위해 현실로부터 도피도 해보고 싶었고, 깊은 산 속으로 들어가 언제나 암수가 나란히 함께하는 들짐승처럼, 또 가지가 엉겨붙은 연리지처럼 함께 살고 싶은 생각도 해보았던 것이다.

한편 다음 시도 같은 애정사의 맥락에서 관심을 끈다.

꽃이면서 꽃이 아니요, 안개면서 안개 아니어라	花非花 霧非霧
한밤중에 왔다가 날 새면 떠나가지요.	夜半來 天明去
와서는 봄꿈처럼 잠깐 있다가	來如春夢幾多時
떠날 때는 아침구름처럼 흔적없이 사라지지요.	去似朝雲無覓處
	〔「花非花」〕

첫구절부터 무슨 수수께끼 같다. 꽃이면서 꽃이 아니고, 안개면서 안개가 아니란다. 우리가 주목해야 하는 대상의 정체가 처음부터 모호하다. 그 대상이 꽃 하나에만 관련되어 있어도 헷갈리는데, 안개까지 관련되어 있으니 더욱 그러하다. 셋째 행 넷째 행도 그 정체해명과는 무관하고 묘사된 행적 역시 아리송하여 꽃과 안개에 비유된 대상의 정체가 무엇인지 갈수록 궁금해진다.

그 대상이 다섯째·여섯째 행에서 봄꿈과 아침구름에 각각 비유되고 있지만 애초 사정에 따라 그 정체가 무엇인지 끝까지 애매하게 처리되어 있다. 이럴 경우 다른 어떤 시들은 말미에서 그 정체를 쉽게 암시하여 추정을 가능하게 하거나 과감하게 노출시키기도 하는데 이 시에서는 끝까지 베일을 드리운다. 그리하여 시인은 우리 독자의 호기심을 유발하여 이 시에 관심을 가지게 하는 데 성공하고 있다. 독자의 입장에서는 짜증이 날 수도 있겠지만 시인의 입장에서 보면 일단 성취의 증표가 될 것이다.

각 시행들의 의미나 기능이 어설프거나 억지조작의 혐의가 있다면 비웃고 넘어가겠지만 이 시는 그렇게 무시할 수만은 없는 탄탄한 구조를 이루고 있다. 첫째와 둘째 행은 대상의 정체에 연관된 속성이, 셋째와 넷째 행은 행위와 사정이, 다섯째와 여섯째 행은 대상에 대한 화자의 심경이 각각 형상화되어 있다. 그리고 첫째와 둘째 행, 셋째와 넷째 행, 다섯째와 여섯째 행은 각각 비상한 대구를 이루면서 상호의미를 부각시키고 리드미컬한 리듬을 형성하고 있다.

한편 들쑥날쑥한 시행은 매끄럽고 규칙적인 근체시近體詩의 정제미를 파괴하고 있기도 하다. 이 시는 백거이문집에 가행체歌行體 잡언시雜言詩로 분류되어 수록되어 있지만 사실은 당시의 새로운 시형이라 할 수 있는 사詞의 형식에 더 가깝다. 다시 말해서 이 시는 의미나 형식에서 '낯설게 하기' 수법이 잘 구사되어 있으며 그 효과 역시 크다. 이 시는 수수께끼 같은 게 아니라 삶의 한 국면에 바친 한 편의 형상성 풍부한 우수한 수수께끼이다.

"한밤에 봄꿈처럼 왔다가 먼동 틀 때 아침 구름처럼 가는, 꽃과 같고 안개와도 같은 존재" 도대체 그게 무엇인지, 우리도 망연히 그 정체를 상상해보지 않을 수 없게 된다. "꽃이면서 꽃이 아니고" "안개면서도 안개가 아니다"는 우선 화자가 자신의 어떤 심경과 무관한 상태에서 대상의 객관적 속성을 그대로 진술한 것으로 볼 수 있겠다.

그렇다면 그 대상은 꽃에 비유되지 꽃 그 자체는 아니며, 안개에 비유되지 안개 그 자체는 아니라는 것이다. 즉 꽃과 안개의 속성을 지닌 그 어떤 무엇이라는 것이다.

대상묘사라면 너무 밋밋하고 쓸데없는 부연이 되겠지만 대상과 화자의 관계가 함축되어 있는 진술이기에 관심을 끈다. 화자에게 그 대상은 꽃과 안개 같은 존재이면서도 아니다. 모순어법의 역설이면서도 아니다. 그저 자신과의 관계에 있어 그러하다는 것이다. 꽃처럼 아름답고 안개처럼 촉촉한 감성을 지닌 존재이지만 꽃처럼 마냥 마음을 밝게만 하는 존재가 아니고 안개처럼 마냥 촉촉하게만 하지도 않는 존재. 즉 사랑과 갈등이 공존하는 대상이요 관계라는 것이다.

그리고 셋째·넷째 행에서 그 존재는 연인으로 보이며 님의 곁에 야밤에만 머무르며 같이하는 시간도 짧다. 한밤중에 왔다가 새벽이면 떠난다. 이러한 밀회는 심상치 않다. 남의 이목을 피해야 하다니, 무슨 사연인가? 어쨌든 이럴 경우 그 사랑에서 헤어나기 어려우면서도 갈등과 번뇌로 괴로워하기 쉽다. 만나면 괴롭고 만나지 않으면 더 괴로운 사랑, 해서 안될 사랑이기에 마음은 더욱더 애틋하고 가슴은 더욱 저려오는 것이다. 그리고 그 사랑은 이미 비유된 대로 결국 언젠가 아침구름처럼 흔적없이 사라질 운명이 예정되어 있는 상태이다.

문벌혼반 관념과 관행이 강력하였던 당시의 사회체제, 질서 아닌 질서에 반항하며 오랜 세월을 버텨온 백거이도 결국 그 현실의 높은 벽을 넘지 못했다. 다음 시는 상령과의 사랑과 파탄의 이유가 그려진 듯하다.

우물바닥에서 은항아리를 끌어올리는데	井底引銀瓶
다 올라왔는가 했는데 끈이 끊어졌다네.	銀瓶欲上絲繩絶
돌에 옥을 갈아 비녀를 만들려 하는데	石上磨玉簪
옥비녀 다 되어가다가 가운데가 부러졌다네.	玉簪欲成中央折
항아리는 물속으로 가라앉고 비녀는 부러졌으니 어쩌면 좋을까?	
	瓶沉簪折知奈何
그 신세 오늘 아침 님과 헤어진 내 신세.	似妾今朝与君別
그 옛날 집에서 딸 노릇할 때는	憶昔在家爲女時
행동거지 얌전타며 모두들 칭찬했지요.	人言擧動有殊姿
아름다운 귀밑머리는 매미 날개	嬋娟兩鬢秋蟬翼
어여쁜 두 눈썹은 파르스름한 산빛	宛轉双蛾遠山色
웃으면서 친구들과 후원에서 놀던 그 때	笑隨戲伴后園中

그 때는 당신을 몰랐었지요.　　　　　　　　　此時与君未相識

담장에 기대어 푸른 매실 따다가　　　　　　妾弄青梅凭短墻
저 멀리 수양버들 옆 말 타고 가는 당신을 보았지요.
　　　　　　　　　　　　　　　　　　　　　君騎白馬傍垂楊
담장을 사이에 두고 눈길 마주쳤을 때　　　　墻頭馬上遙相顧
단번에 사랑에 빠져 애간장이 탔지요.　　　　一見知君卽斷腸
당신의 애타는 마음 알고 우리 함께 말했지요　知君斷腸共君語
남산의 소나무와 측백나무처럼 변치 말자고요.　君指南山松柏樹
송백처럼 아니 변하겠다던 당신 말이 기꺼워　感君松柏化爲心
남몰래 머리 얹고 당신 집에 왔지요.　　　　　暗合双鬟逐君去
당신 집에 온지 대여섯 해 되었을 때　　　　　到君家舍五六年
당신의 어르신 자주 하시는 말씀,　　　　　　君家大人頻有言
정식으로 결혼하면 아내가 되고, 제멋대로 눈이 맞아 살면 첩이 되는 법,
　　　　　　　　　　　　　　　　　　　　　聘則爲妻奔是妾
첩이 되면 조상제사 모시지도 못한단다.　　　不堪主祀奉蘋蘩
끝내 당신 집에서는 살 수 없음을 깨닫고　　　終知君家不可住
그래서 집을 나왔으나 갈 곳이 없군요.　　　　其奈出門无去處
어찌 고향집에 부모님 아니 계시고　　　　　　豈无父母在高堂
친척들 고향에 가득하지 않을까만　　　　　　亦有親情滿故鄕
몰래 도망와 소식 두절된 지 오래,　　　　　　潛來更不通消息
부끄럽고 창피하여 돌아갈 수 없어요.　　　　今日悲羞歸不得

당신과 잠시 사랑에 빠졌던 탓에　　　　　　爲君一日恩
제 한 평생은 온통 망가졌어요.　　　　　　　誤妾百年身

아, 순진한 아가씨들,	寄言痴小人家女
함부로 남자에게 몸을 주지 마세요.	愼勿將身輕許人
	〔「井底引銀瓶-止淫奔也」〕

 사랑의 파경을 새끼줄 끊어져 물에 잠긴 은항아리와 동강난 비녀로 비유하면서 파경의 원인을 밝힌다. 제멋대로 눈이 맞아 살림을 차렸기에 부모의 허락을 얻지 못해 결국 부부로 맺어지지 못한 것이다. "아, 순진한 아가씨들아, 함부로 남자에게 몸을 주지 말라", 21세기에 무슨 그런 고리타분한 소리를 하느냐면 할 말 없지만 사랑의 방식과 파경의 양상은 별로 변한 게 없는 것 같다. 이 시는 여성의 입을 빌리고 있지만 사실 백거이 자신의 경험론적 고백일 것이다. 연인 상령에 대한 끊임없는 죄의식을 이런 식으로나마 씻어보고 싶었을지도 모른다. 예나 지금이나 세월 따라 사랑의 아픔과 고통도 잊힐 법하지만 백거이에게 세월은 고통을 치유하는 약이 아니었던 듯하다.

내게는 그리운 님이 있다오,	我有所念人
그 사람 저 멀리 아득한 타향에 있지요.	隔在遠遠鄉
내게는 슬픈 사연이 있다오,	我有所感事
그 슬픔 깊이깊이 창자에 맺혔지요.	結在深深腸
타향은 멀어 갈 수 없지만	鄉遠去不得
하루도 바라보지 않은 날 없지요.	無日不瞻望
창자에 맺힌 슬픔 삭힐 수 없어	腸深解不得

하루 저녁도 그리워하지 않은 적 없지요.	無夕不思量
오늘처럼 가물거리는 등불 아래	況此殘燈夜
홀로 잠드는 텅 빈 방.	獨宿在空堂
정말로 더디 밝는 가을 아침,	秋天殊末曉
비바람 몰아치는 날은 더욱 그러하지요.	風雨正蒼蒼
불법을 배우지 않았다면	不學頭陀法
지난 날 그 슬픔 어찌 잊을 수 있을까요!	前心安可忘

 이 시의 제목은 「밤비夜雨」다. 아픈 사연이 없는 멀쩡한 사람들도 밤비가 내리면 원초적인 그리움과 향수에 젖어들게 마련이다. 하물며 아픈 사연, 그것도 사랑하지만 그 사랑 이루지 못하고 생이별을 한 사람에게는 빗방울마다 아픈 사연 하나 맺혀

하루도 마음 어느 한구석에서 지울 수 없던 상령, 밤비가 내리자 이별의 아픔이 더욱 생생해진다.

그 슬픔 흘러내려 온 마음을 적신다. 하루도 마음 어느 한구석에서 지울 수 없던 그녀, 그 이별의 아픔이 어떤 것인지, 밤비가 내리자 생생해진다.

상령과 헤어진 뒤 그는 어쩔 수 없이 현실을 받아들이게 되며 서른일곱 늦은 나이에 결혼을 하였지만 그 이후로도 그 사랑 가슴속 깊이 간직한 채 두고두고 아스라한 첫사랑의 추억을 상기하곤 했다.

뜰에다 옷가지며 장신구를 말리다 보니	中庭曬服翫
고향에서 가져온 신발이 눈에 뜨이네.	忽見故鄕履
나에게 준 사람 누구였더라	昔贈我者誰
이웃집 예쁜 아가씨였지.	東鄰嬋娟子
주면서 하던 말 생각나는군	因思贈時語
"반드시 다 닳도록 신어주세요,	特用結終始
영원히 이 신 끈처럼	永願如履綦
함께 걷고 함께 멈춰요."	雙行復雙止
내 이곳 강주로 귀양 오면서	自吾謫江郡
삼천리 길을 떠돌았다네.	飄蕩三千里
정 많은 그녀가 너무 고마워	爲感長情人
이 곳까지 함께 가지고 왔다네.	提攜同到此
오늘 아침 내내 시름에 젖어	今朝一惆悵
손에 들고 거듭거듭 살펴보았네.	反覆看未已
신은 짝이나 사람은 외톨이	人隻履猶雙

함께하자던 그 맹세 어긋나버렸네.   何曾得相似
아하 신발이여, 가엾기도 해라!   可嗟復可惜
비단감 속에다 수놓은 꽃신   錦表繡爲裏
오랜 장맛비 지나고 나니   沈經梅雨來
검게 변한 색깔, 화초무늬는 죽어버렸다네.   色黯花草死

  이 시는 백거이가 강주사마로 강직되었을 때 지은 시이니 결혼한 지 8년 후의 일이다. 장마 그친 뒤 마당 한가운데 햇볕에 말리려고 널어놓은 옷가지며 노리개 가운데서 문득 비단신을 발견한다. 그것을 준 사람은 우선 이웃 예쁜 아가씨라고 하였지만 그 둘 사이가 범상치 않다는 것을 우리는 넷째 구절 "영원히 이 신발끈처럼 함께 걷고 함께 멈춰요〔永願如履綦, 雙行復雙止〕"에서 볼 수 있다. 언제나 짝을 이루는 저 비단신처럼 늘 함께하기를 소망하는 마음이 깃들어 있는 것으로 보아 사랑이 얼마나 절실하였는지 알 수 있다.
  이 신발은 상령이 백거이와 사귈 때 정표로 주었던 선물일 것이다. 비록 그녀와의 사랑을 이루지는 못했지만 백거이는 그녀가 정성들여 만들어준 비단신발을 간직하다가 귀양지까지 가지고 왔던 것이다. 백거이는 그 옛날 그녀가 했던 말을 상기하면서 슬픔에 젖는다. 저 비단신처럼 영원히 함께하고 싶다던 그녀, 비단신은 아직도 쌍을 이루고 있건만 이제 그녀를 만날 수 없다. 오색실로 수놓았던 고운 화초문양도 이제는 장마에 곰

팡이가 피어 시커멓게 변색되었다. 하지만 백거이의 그 마음은 변색되지 않은 듯하다. 사랑하였지만 부모의 허락을 받지 못해 사랑하는 여인을 버릴 수밖에 없었지만 끝내 그 부채를 외면하지 못했다.

어쨌든 이렇듯 가슴 아픈 사랑의 상처가 있었기에 백거이는 전설처럼 입에서 입으로 전해져 내려오는 당 현종과 양귀비의 비극적 사랑을 깊이 동정하고 공감했을 것이다. 그들의 사랑에 가슴 저리도록 공감했기에 독자의 심금을 절절히 울리는 불후의 명작「장한가」를 쓸 수 있었던 것이다.「장한가」는 중국시 가운데 보기 드물게 긴 장편서사시로 도합 120구절 840자로 이루어져 있다. 앞에서 언급하였듯이 백거이 나이 35세 때 지은 작품이다.

주질현 현위로 근무하고 있을 때 왕질부 진홍과 함께 선유사에 놀러갔다가 이런저런 이야기를 하던 중 백여 년 전에 있었던 당 현종과 양귀비의 로맨스가 화제가 되었다. 당대최고의 권력자였던 당 현종과 당시 최고의 미녀였던 양귀비의 로맨스는 전설처럼 입에서 입으로 전해져 내려오고 있었다. 시아버지와 며느리의 관계였던 두 사람이 연인관계로 발전한 것부터 흥미진진한 이야깃거리였던 것이다.

또 절대권력을 지닌 황제가 사랑하는 여자하나 보호하지 못하고 죽음으로 몰고 간 것 역시 범상한 이야기가 아니다. 게다가 사랑하는 사람이 죽고 모든 권력마저 잃고 나서도 후회는커

시녀의 부축을 받는 나른하고 요염한 자태. 양귀비는 이때 비로소 현종의 사랑을 받기 시작했다.

녕 옛사랑을 잊지 못해 잠 못 이루면서 그 넋이라도 한번 만나고 싶어 하는 일편단심 또한 감동을 준다.

그러한 스토리를 바탕으로 백거이는 시적 상상력을 발휘하여 당 현종과 양귀비의 불륜을 아름답게 그려내었다. 사실 미인에게 현혹되어 나라를 망친 군주의 사랑이야기는 비판과 풍자의 대상은 될지언정 찬미의 대상이 되기 어렵다. 그런데도 백거이는 「장한가」에서 당 현종의 실정을 비판하기는커녕 중도에 깨어지고 만 그들의 사랑에 곡진한 동정과 슬픔을 나타내고 있다.

또 스토리텔러로서 현종과 양귀비의 비극적 사랑을 담담하게 묘사하는 데만 그치지 않고 중간중간 마치 자신의 일인 양 감정이 북받치는 주관적 서정의 색채를 농후하게 드러내기도 한다. 백거이의 비극적인 사랑이 다시 상기되는 대목이다. 전문을 소개한다.

한나라 임금님 미녀 좋아 그리워했지만	漢皇重色思傾國
용상에 오른 뒤로 이제야 저제야 어여쁜 여인	御宇多年求不得
양씨 집 가문에 막 장성한 아가씨 있었건만	楊家有女初長成
규방 깊숙이 자라 아무도 몰랐네.	養在深閨人未識

타고난 미모는 묻혀버리기 어려운 법,	天生麗質難自弃
하루아침에는 뽑혀서 임금님 곁에 있게 되었네.	一朝選在君王側
눈동자 아롱아롱 살포시 웃으면 온갖 아름다움 피어나니	
	回眸一笑百媚生
궁궐 안 미녀들 모두 빛을 잃었다네.	六宮粉黛無顔色

쌀쌀한 봄날 화청궁에서 목욕하라 분부하시니	春寒賜浴華淸池
매끄러운 온천수에 뽀얀 피부 씻어낸다.	溫泉水滑洗凝脂
시녀의 부축받는 나른하고 요염한 자태	侍兒扶起嬌無力
이 때 비로소 임금님의 사랑받기 시작하였네.	始是新承恩澤時

구름 같은 머리카락, 꽃다운 얼굴, 황금떨잠,	雲鬢花顔金步搖
부용꽃 방장에서 따듯한 봄밤 지냈네.	芙蓉帳暖度春宵
봄밤은 짧아서 괴로워라, 해가 높이 떴구나.	春宵苦短日高起
그 때부터 임금님은 아침조회 그만두셨네.	從此君王不早朝

총애받아 연회 모시느라 쉴 틈이 없어	承歡侍宴無閑暇

낮이면 온종일 봄놀이, 밤이면 온밤을 혼자 독차지 　春從春游夜專夜
후궁에 미인들 3천 명 되었건마는 　　　　　　　　　後宮佳麗三千人
3천 명 받을 총애 한 몸에 받았다네. 　　　　　　　　三千寵愛在一身
황금궁전에서 곱게 단장하고 임금님 모시는 밤 　　金屋妝成嬌侍夜
백옥누각에서 연회 파하면 화창한 봄기운에 취했네 玉樓宴罷醉和春

언니들과 오빠들 모두 높은 벼슬 받으니 　姊妹弟兄皆列土
부러워라, 가문에 찬란한 빛 넘쳐났네. 　　可憐光彩生門戶
드디어 천하의 부모들로 하여금 　　　　　　遂令天下父母心
아들보다 딸 낳기가 더욱 좋아라. 　　　　　不重生男重生女

여산의 별궁은 하늘 높이 치솟았고 　　　　驪宮高處入靑雲
신선음악 바람 타고 곳곳에 들렸어라. 　　　仙樂風飄處處聞
느린 가락 조용한 춤에 엉겨드는 관현악 　　緩歌慢舞凝絲竹
임금님은 종일토록 싫증을 모르셨네. 　　　盡日君王看不足

어양의 북소리 천지를 뒤흔드니 　　　　　　漁陽鼙鼓動地來
예상우의곡 추던 춤판 놀라 깨어졌네. 　　　驚破霓裳羽衣曲
깊고 깊은 구중궁궐 연기와 티끌이 이니 　　九重城闕烟塵生
수천수만 수레와 말 서남쪽으로 떠났네. 　　千乘萬騎西南行

****

비취깃발 흔들흔들 가다가 또 멈춰서니 　　翠華搖搖行復止
서쪽으로 도성문을 나선 지 1백여 리 남짓 　西出都門百餘里

근위대 꿈쩍 않으니 어찌할 수 없구나.	六軍不發無奈何
곱디고운 아미 숙이고 말 앞에서 죽었구나.	宛轉蛾眉馬前死

꽃비녀 땅에 떨어져도 줍는 이 없고	花鈿委地無人收
비취깃털, 공작비녀, 또 옥비녀까지도	翠翹金雀玉搔頭
임금님은 얼굴을 가린 채 구해 주지 못하였고	君王掩面救不得
뒤돌아보는 얼굴엔 피눈물 섞여 흘렀다네.	回看血淚相和流

누런 먼지 흩날리고, 바람 쓸쓸히 불고	黃埃散漫風蕭索
하늘 높이 걸린 잔도 굽이돌아 검문관에 이르렀네.	雲棧縈紆登劍閣
아미산 아래 길가에는 인적이 뜸한데	峨嵋山下少人行
깃발은 빛을 잃고 햇살도 엷디엷다.	旌旗无光日色薄
촉나라 강물은 초록색, 촉나라 산은 푸른색.	蜀江水碧蜀山靑
임금님은 아침마다 저녁마다 그리움에 잠기셨네.	聖主朝朝暮暮情
행궁에서 달님 보니 온통 가슴 아픈 빛깔,	行宮見月傷心色
밤비 속의 방울소리 애끊는 소리.	夜雨聞鈴腸斷聲

****

천하정세 바뀌어 어가를 되돌리니	天旋日轉回龍馭
여기에 이르러 머뭇거리며 떠나지 못하네.	到此躊躇不能去
마외언덕 아래 진흙 속 그 장소에는	馬嵬坡下泥土中
예쁜 얼굴 간데없고 죽은 곳만 남았구나.	不見玉顔空死處
임금님과 신하들 돌아보며 눈물로 옷깃 적시고	君臣相顧盡霑衣
동쪽으로 도성문 바라보며 말에 몸을 맡기고 돌아갔네.	

東望都門信馬歸

돌아오니 연못도 동산도 옛날과 다름없구나　　　歸來池苑皆依舊
태액지의 부용꽃도 미앙궁의 버들잎도　　　　　　太液芙蓉未央柳
부용꽃은 그녀 얼굴, 버들잎은 그녀 눈썹,　　　　芙蓉如面柳如眉
이걸 보고 어찌 눈물 아니 흘리리?　　　　　　　　對此如何不淚垂
봄바람에 복사꽃 피는 날에도　　　　　　　　　　春風桃李花開日
가을비에 오동잎 떨어지는 때도.　　　　　　　　　秋雨梧桐葉落時

서궁과 남내에 가을 풀 우거졌고　　　　　　　　　西宮南內多秋草
낙엽은 섬돌에 수북하건만 쓸어내지 아니했네.　　落葉滿階紅不掃
이원제자 검던 머리 하얗게 세고　　　　　　　　　梨園弟子白髮新
초방상궁 곱던 얼굴 이제는 늙었다네.　　　　　　椒房阿監青娥老
저녁 전각 반딧불 보며 쓸쓸히 그리움에 잠기고　夕殿螢飛思悄然
외로운 등불 다 타도록 이리 뒤척 저리 뒤척.　　孤燈挑盡未成眠
종소리는 느릿느릿 이제야 밤이 길구나.　　　　　遲遲鐘鼓初長夜
은하수는 반짝반짝 이제야 먼동이 터오누나.　　耿耿星河欲曙天

싸늘한 원앙기와 서리꽃 겹겹이 내렸도다　　　　鴛鴦瓦冷霜華重
차가운 비취이불 누구와 함께 덮을까?　　　　　翡翠衾寒誰與共
아득하구나 삶과 죽음, 이별한 지 몇 해련만　　悠悠生死別經年
혼백은 한번도 꿈에 나타나지 않았네.　　　　　魂魄不曾來入夢

****

임공현 출신 도사가 장안에 왔는데　　　　　　　臨邛道士鴻都客
정성을 기울이면 혼백을 불러올 수 있다네.　　　能以精誠致魂魄
그리움에 뒤척이는 임금님이 안타까워　　　　　爲感君王展轉思
드디어 방사를 시켜 성성껏 혼백을 찾게 했네.　遂敎方士殷勤覓
공중으로 치솟아 바람타고 달리니 번개처럼 빠르구나.
　　　　　　　　　　　　　　　　　　　　　　排空馭氣奔如電
하늘에 오르고 땅으로 들어가서 구석구석 찾았네.　升天入地求之遍
위로는 벽락까지, 아래로는 황천까지.　　　　　上窮碧落下黃泉
그 어디도 망망할 뿐 보이지 않는구나.　　　　　兩處茫茫皆不見
홀연히 들었네. 바다 위에 신선 사는 산이 있다고.　忽聞海上有仙山
그 곳은 허공 저 멀리 아른아른한 곳에 있다네.　山在虛無縹緲間

오색구름 피어나는 영롱한 누각에는　　　　　　樓閣玲瓏五雲起
가냘프고 예쁜 선녀 많이 살고 있다고.　　　　　其中綽約多仙子
그 가운데 한 사람 이름이 태진이라 하니　　　　中有一人字太眞
눈 같은 살결 꽃 같은 모습 양귀비와 꼭 닮았다고　雪膚花貌參差是

황금대궐 서쪽 별당 백옥문을 두드려　　　　　　金闕西廂叩玉扃
소옥이를 시켜서 쌍성이에게 알리라고 하였네.　轉敎小玉報雙成
한나라 임금님의 사신이 왔단 소식 듣고　　　　聞道漢家天子使
화려한 꽃무늬 방장 속에서 잠자던 혼 놀라서 깨어났네.
　　　　　　　　　　　　　　　　　　　　　　九華帳里夢魂驚

옷을 걸치고 베개를 밀치고 일어나 서성이다가　攬衣推枕起徘徊

진주발, 은병풍 하나하나 열고 나왔네.　　　　　　　珠箔銀屛邐迤開
한쪽으로 치우친 머리모양, 갓 잠에서 깨어난 듯　雲鬢半偏新睡覺
화관도 매만지지 못하고 당 아래로 내려왔네.　　　花冠不整下堂來

바람에 소매자락 팔랑팔랑 나부끼니　　　　　　　風吹仙袂飄飄擧
예상무의곡에 맞추어 춤을 추는 듯하구나.　　　　猶似霓裳羽衣舞
쓸쓸한 얼굴에 주르륵 눈물 흘러내리니　　　　　　玉容寂寞淚闌干
봄비를 머금은 하얀 배꽃 같구나.　　　　　　　　　梨花一枝春帶雨

정겨운 눈길로 상감님께 인사를 올린다.　　　　　含情凝睇謝君王
헤어진 뒤로 목소리와 얼굴을 모두 잊은 듯했지요.

　　　　　　　　　　　　　　　　　　　　　　　一別音容兩渺茫
소양전에서의 은혜와 사랑 끊어진 이후로　　　　　昭陽殿裏恩愛絶
봉래궁에서의 세월은 지루하기만 하였사옵니다.　　蓬萊宮中日月長

고개 돌려 인간세상 내려다보았사오나　　　　　　回頭下望人寰處
장안은 아니 보이고 티끌과 먼지만 가득하였사옵니다.

　　　　　　　　　　　　　　　　　　　　　　　不見長安見塵霧
오직 옛 물건으로 깊은 정 표시할 수 있으니　　　唯將舊物表深情
자개상자, 황금비녀 부쳐 보내옵니다.　　　　　　鈿合金釵寄將去
비녀도 한 가락 상자도 한 쪽 남기옵니다.　　　　釵留一股合一扇
비녀는 황금을 떼어 내고 상자는 자개를 갈라내었사옵니다.

　　　　　　　　　　　　　　　　　　　　　　　釵擘黃金合分鈿
다만 황금처럼 자개처럼 마음 굳건하다면　　　　但敎心似金鈿堅

천상에서든 지상에서든 만날 날 있을 것이옵니다. 天上人間會相見

사신이 떠날 때 다시 거듭거듭 전갈하였으니　　臨別殷勤重寄詞
거기에는 두 사람만 아는 맹세의 말 들어 있었네.　詞中有誓兩心知
칠월 칠석 장생전 앞 깊은 밤중에　　　　　　　　七月七日長生殿
남몰래 임금님은 속삭였지요.　　　　　　　　　　夜半無人私語時
하늘에선 비익조가 되어지이다.　　　　　　　　　在天願作比翼鳥
지상에선 연리지가 되어지이다.　　　　　　　　　在地願爲連理枝

장구한 천지는 다할 날 있겠지만　　　　　　　　天長地久有時盡
이루지 못한 사랑의 한 그칠 날 없으리라.　　　　此恨綿綿無絶期

　이 시는 크게 네 단락으로 이루어져 있다.
　첫째 단락에서는 당 현종이 양귀비를 만나게 된 경위와 지극한 총애를 묘사하였다. 여기서 백거이는 양귀비가 당 현종의 며느리였다는 사실을 은폐하고 아리땁고 조신한 처녀 양귀비의 모습만을 형상화하였다. 두 사람의 러브스토리를 소설로 쓴 진홍陳鴻이 두 사람의 관계를 사실대로 밝힌 것과 아주 좋은 대조를 이루고 있다.
　둘째 단락에서는 오로지 양귀비만 총애하다가 도리어 양귀비를 잃게 되는 비극을 묘사하였다. 후궁에 비빈과 궁녀들이 가득하지만 아무도 눈에 들어오지 않는다는 것, 그 총애가 지극하여 그녀 가족의 신분까지 수직상승을 했다는 것, 과도한 총애로 나라가 어지러워지자 안록산이 반란을 일으켜 양귀비가 죽음을 맞이하게 되는 비극을 묘사하고 있다.

혹자는 「장한가」에 풍자가 있다면서 이 부분을 그 증거로 들지만 사실 백거이가 안록산의 난을 언급한 것은 양귀비가 죽게 된 경과를 이야기하기 위해 사전에 조처해 둔 부득이한 구성상 장치에 불과하다. 안록산의 난이 일어나지 않았다면 황제의 군사들이 난의 책임을 물어 양귀비를 죽이라고 요구하지는 않았을 테니까.

셋째 단락에서는 난이 평정된 뒤 장안으로 돌아와서 그녀를 잊지 못하는 당 현종의 쓸쓸하고 비통한 생활을 묘사하였다.

넷째 단락에서는 죽어서 봉래산의 선녀가 된 양귀비 혼을 만난 방사의 전갈을 통해 둘의 변치 않는 사랑의 한을 묘사하였다.

이 시를 지은 뒤 백거이는 옛사랑을 가슴깊이 묻어버리고 다른 여자와 결혼을 하였다. 그가 문집을 편집할 때 이 시를 감상시感傷詩, 그러니까 가슴을 아프게 울리는 감정체험을 읊은 작품의 하나로 분류하였다. 백거이는 이 작품을 몹시 마음에 들어했으며 당시에 이미 많은 독자들의 사랑을 받아 '長恨歌主장한가주', 즉 '장한가'의 주인으로 불렸으며 기생들은 이 시 외우는 걸 크게 자부하였다.

장한가는 해외에까지 전파되어 일본은 물론 우리나라에서도 광범위한 독자층을 확보하였다. 또한 중국·한국·일본의 통속문학에 끼친 영향은 실로 대단하였다. 특히 장한가의 마지막 클라이맥스는 오늘날까지도 인구에 널리 회자되고 있다. 그 부분을 다시 한번 보기로 하자.

다만 황금처럼 자개처럼 마음 굳건하다면	但敎心似金鈿堅
천상에서든 지상에서든 만날 날 있을 것이옵니다.	天上人間會相見
사신이 떠날 때 거듭거듭 전갈하였으니	臨別殷勤重寄詞
거기에는 두 사람만 아는 맹세의 말 들어 있었네	詞中有誓兩心知
칠월칠석 장생전 앞 깊은 밤중에	七月七日長生殿
남몰래 임금님은 속삭였지요	夜半無人私語時
하늘에선 비익조가 되어지이다.	在天願作比翼鳥
지상에선 연리지가 되어지이다.	在地願爲連理枝
장구한 천지는 다할 날 있겠지마는	天長地久有時盡
이루지 못한 사랑의 한 그칠 날 없으리라.	此恨綿綿無絶期
	〔「長恨歌」〕

오늘도 중국의 젊은 연인들은 사랑을 맹세할 때 종종 이 시구를 즐겨 읊조리곤 한다. "在天願作比翼鳥, 在地願爲連理枝〔하늘에선 비익조가 되어지이다. 지상에선 연리지가 되어지이다〕." 사랑하는 사람과 영원히 함께 하고 싶은 마음에 날개가 붙어 늘 함께 날아다니는 비익조가 되기를 소원하며 가지가 엉겨붙어 하나의 몸이 된 연리지가 되기를 갈망한다.

사실 누군가와 늘 함께 붙어산다는 건 불편하고 고통스러운 일이다. 생명을 담보로 신체분리 수술을 강행한 이란의 샴쌍둥이 자매는 독립된 개체가 되는 게 평생 꿈이었다고 하지 않던가? 하지만 사랑은 사람을 상식 밖의 바보로 만든다. 하나만 알고 둘은 모르는 바보, 그러나 기꺼이 바보가 되어도 행복한 것, 이게 바로 사랑의 마술이 아닐까?

탄탄한 통치력으로 찬란한 문화와 태평성세를 이룩했던 불세출의 성군 당 현종도 사랑 앞에서는 체면이고 권위고 아무것도 없었다. 깊은 밤 인적 드문 곳에서 남몰래 사랑을 나누며 사랑을 맹세했던 평범한 한 남자였으며 양귀비를 잃고 꿈속에서조차 그 모습 볼 수 없어 뒤척이며 잠 못 이루던 한 순정파 사내였다.

이런 당 현종의 지순한 사랑에 감동되어 당시 용하다고 소문난 도사가 양귀비의 혼을 찾아주겠다고 나섰다. 도사는 하늘끝 땅끝 구석구석 다 뒤져도 찾지 못하다가 신선이 사는 봉래산에서 드디어 그녀와 만난다. 선녀처럼 아름다운 양귀비는 둘 만이 알고 있는 사랑의 맹세를 방사에게 일러주면서 다시금 사랑을 확인시킨다.

마지막 구절 "장구한 천지는 다할 날 있겠지마는 이루지 못한 사랑의 한 그칠 날 없으리라[天長地久有時盡 此恨綿綿無絶期]"는 당 현종과 양귀비의 애절한 사랑에 목이 멘 백거이의 내면의 독백이라 할 수 있으며 이 물리를 초월하는 이 수사는 역시 못다한 사랑의 한이 영원히 지속된다는 것을 강조하는 시적 장치이다.

그리고 그들의 이루지 못한 사랑의 한은 백거이의 그것과 병렬된다. 서정의 객체와 주체가 혼연일체를 이루면서 못 다한 사랑의 한이 굽이굽이 여울지고 있다.

─── ○ 4.

개혁을 시도한 당 현종, 코드인사 단행하다

 과거시험에 합격한 이래 백거이에게 주어진 관직은 그야말로 미관말직이었다. 황제를 만나서 자신의 재능과 포부를 한번 펼쳐 보여주기는커녕 도서관에 처박혀 교열을 보거나 촌구석에 앉아 가난한 농민들에게 세금이나 독촉하는 직책이었다.
 백거이의 포부와 꿈과는 너무나 거리가 먼 것이었다. 물론 새내기 관리들이면 모두 거치는 코스이긴 하였지만 한해 두해 지나면서 다소 초조했던 것도 사실이다.
 그런 그에게 드디어 서울에 근무하는 기회가 왔다. 36살 때 경조부京兆府의 고관考官에 임명되었던 것이다. 요즘으로 말하면 서울시 총무처 시험담당관 정도의 직위라 할 수 있을 것이다.
 장안으로 입성한 백거이는 곧 '제制'·'서書'·'조詔'·'표表' 등의 문장작성 능력을 다시 한번 테스트 받은 뒤 한림학사에 임명되었다. 여기서 '제'는 황제의 칙명을 전하는 문서, '서'는 국정에 대한 의견이나 견해를 진술하는 문서, '조'는 황제가 신하에게 명령을 하달하는 문서, '표'는 신하가 황제에게 청원을 하거나 축하하는 글이다.

한림학사가 하는 일은 주로 황제 대신 공문서를 초안하거나 자문하는 역할이다. 요즘으로 말하면 비서관 정도에 해당한다고 하겠다. 탁월한 글 솜씨와 너른 식견을 기본으로 갖추어야 했다. 비록 국정에 직접 참여하는 건 아니었지만 국가의 기밀문서를 직접 보기도 하고 또 초안하는 데 참여할 수 있어 대단히 중요한 역할이었다. 따라서 한림학사는 정치적으로 도약할 수 있는 중요한 직책이었다.

백거이 나이 37살 되던 해 4월 좌습유에 임명된다. 한림학사에 임명된 지 채 1년도 안되어서이다. 좌습유는 문하성에 속하는 관직으로 품계는 종8품상에 속한다. 고관이라고 할 수는 없다. 하지만 담당하는 업무는 막중하였다. 황제가 내린 명령 가운데 시의적절하지 못하거나 불합리한 것들을 골라서 엄중한 사안은 조정에서 공론화시켜 논의를 하고 사소한 것들은 글로 간언을 한다. 또 능력있고 노련성이 강한 인물 가운데 승진에서 누락되었거나 충효의 인물이 발탁되지 못했을 경우 그 진상을 낱낱이 고하여 추천할 수 있었다.

새내기 관리치고 좌습유에 임명되고 싶어 하지 않은 사람이 없었으며 더없는 영광으로 여기지 않는 사람이 없었다. 고관대작과 더불어 황제를 알현하고 더불어 국정에 대해 논의를 한다는 건 상상만 해도 흥분되는 일이었다. 백거이는 그 희열과 각

오를 이렇게 읊었다.

황제의 명령 받들어 문하성에 출근하고,	奉詔登左掖
관복을 차려입고 국정논의에 참석하였다.	束帶參朝議
어찌 품계가 낮다고 할 수 있으리오?	何言初命卑
속세의 지방관리 벗어났구나.	且脫風塵吏
그 옛날 두보와 진자앙은	杜甫陳子昂
재주와 명성이 천지에 가득했었지.	才名括天地
그 당시 불우한 건 아니었으나	當時非不遇
재주에 걸맞은 지위를 얻지 못했지.	尚無過斯位
하물며 나처럼 재주도 없는 자가	況余蹇薄者
지극한 총애 입을 줄 생각지도 못했다.	寵至不自意
황제를 가까이서 뵈오니 놀라운 마음,	驚近白日光
훌륭한 인재 못되니 부끄러워라.	慚非青雲器
천자께서는 간언을 모두 따르고	天子方從諫
조정은 거리낌없이 국정을 논한다.	朝廷無忌諱
어찌 열심히 일할 것을 생각지 않을까만	豈不思匪躬
마침 시국이 태평무사하네	適遇時無事
습유에 임명된 지 보름이 넘었건만	受命已旬月
배불리 밥만 먹고 대신들의 뒤를 따른다.	飽食隨班次
간언 적는 종이가 상자에 가득하니	諫紙忽盈箱
끝내 부끄러운 마음 금할 길 없네.	對之終自愧
	〔「初授拾遺」〕

훌륭한 인재가 못된다느니, 과분한 총애를 입어 부끄러우니,

시국은 태평무사하다느니, 밥만 축내고 있어 부끄럽다느니 등과 같은 말은 사실 의례성 수사에 불과하다고 할 수 있다. 신하인 주제에 황제가 인재를 알아보는 눈이 없다거나 정치가 개판이라고 건방을 떨 수는 없는 노릇이었으니까.

사실 당시의 정국이 매끄럽게 매사 잘 넘어갔던 건 아니었다. 훗날 당왕조의 분란과 갈등을 재촉한 당쟁의 씨가 배태된 사건이 일어났던 것도 바로 이 때였기 때문이다. 그 사건의 전말은 이러하다.

헌종憲宗 원화元和 3년(808), 헌종은 인재선발 특별시험인 현량방정직언극간과賢良方正直言極諫科를 실시하였다. 이 시험은 명칭에서도 알 수 있듯이 국정전반에 예리한 식견과 문제의식을 가지고 거리낌없이 바른소리와 쓴소리를 할 수 있는 사람을 선발하는 데 목적이 있었다.

당시 시험을 주관한 고시위원장은 예부시랑 양오릉楊於陵과 이부원외랑 위관지韋貫之였다. 시험결과 시정의 득실을 신랄하게 비판한 우승유牛僧孺·이종민李宗閔·황보식皇甫湜이 합격하였다.

사실 양오릉·위관지는 서족출신의 이익을 대변하는 신진사대부들의 대부 격이라 할 수 있었으며 당 헌종은 그들의 세력을 이용하여 문벌세족들의 기세를 꺾어보려는 속셈을 가지고 있었다. 이에 문벌세족의 대변인이었던 당시의 재상 이길보李吉甫는 시험결과에 불복, 이의를 제기하였다. 헌종은 배지裵垍·왕애王涯·백거이白居易 등에게 재심사를 맡겼으나 결과는 마찬가지였다.

이길보 등을 비롯한 문벌세족들은 헌종에게 집요하게 이의를 제기하면서 재심사 과정에 부정이 있었다고 주장하였다. 즉 합격자 중의 한 사람이었던 황보식이 재심사 위원으로 위촉되었던 왕애의 생질이었던 점, 그리고 배지는 이러한 사실을 알고도 모른 척 눈감아 주었다며 강력하게 항의를 한 것이다.

문벌세족들의 강한반발에 부딪힌 헌종은 하는 수 없이 과거시험을 주관하였던 양오릉·위관지를 비롯하여 배지·왕애 등을 좌천시켰으며, 우승유·이종민 등은 장기간 등용하지 않는 것으로 사건을 수습하였다. 그러나 재심위원 가운데 한 사람이었던 백거이는 요행히 문책만은 면하였다.

사건이 종료된 뒤, 좌습유에 임명된 백거이는 이 사건을 재론하여 그 부당성을 지적하였으나 메아리 없는 외침에 불과하였다. 중요한 것은 이 사건이 단지 채점결과의 공정성 여부 논쟁이 아니라 신진사대부 세력과 문벌세족 사이의 헤게모니 다툼이 표면화된 것이라는 점이다. 결국 두 세력사이의 알력은 뒷날 당왕조의 국론을 분열시키고 복수와 보복으로 점철된 권력투쟁의 소용돌이를 일으켰으며 당왕조를 서서히 몰락의 길로 몰고 간 '당쟁'의 시발점이 되었다. 역사에서는 이를 우이당쟁牛李黨爭이라고 일컫는다.

한편 당 헌종은 즉위 초기에 구태의연한 정치를 쇄신하고자 야심만만한 개혁정책을 추진하였다. 안록산의 난 이후 쇠퇴일로를 걷고 있던 당왕실의 중흥을 도모하고자 능력있는 장군을 등용하여 지방에서 병권을 틀어쥐고 중앙정부와 맞서던 번진들을 하나하나 타도하였다.

또 왕위계승에 참여하여 권력이 비대해질 대로 비대해진 환관의 세력을 약화시키기 위하여 신진 세력들과 손을 잡고 개혁에 맞는 코드인사를 단행하였으며 그들이 소신껏 일할 수 있는 정치환경을 만들어 주었다. 뒷날 역사가들을 이를 '원화중흥元和中興'이라 지칭한다.

이러한 정치적 분위기를 타고 백거이는 기득권 계층의 비리를 폭로하고 국정의 폐해와 폐단을 거침없이 지적하였다. 황제의 '입안의 혀'처럼 노는 '예스맨'이 아니라 과감하게 'No'라고 말할 수 있는 강직한 신하로서 좌습유의 직책을 충실하게 수행하였던 것이다.

―― ○ 5.

그 시대, 그 정치를 노래한 풍유시와 신악부운동

 잘못된 정책을 신랄하게 비판하고 부정부패를 일삼는 탐관오리들의 비행과 사회의 부조리를 거침없이 고발하는 수많은 시편들이 좌습유 재임기간에 나왔다. 호화저택에 살면서 일신만의 향락을 추구하는 부유층들의 이기주의 세태를 반영한 「상택傷宅」, 가난과 기근으로 굶어죽는 백성들이 넘쳐나는데도 요즘으로 비유하자면 호화룸살롱에서 몇십만 원짜리 안주와 몇백만 원짜리 고급양주를 마시며 흥청망청 파티를 즐기는 관료들의 작태를 풍자한 「경비輕肥」와 「가무歌舞」, 능력도 없이 월급이나 타먹고 자리에 연련하면서 퇴직할 나이에도 염치없이 붙어 있는 파렴치한 노 관료들을 풍자한 「불치사不致仕」, 헐벗은 백성들은 몸을 가릴 변변한 옷조차 없는데 궁중에서는 매해 비단을 공물로 바치게 하여 창고에 비단이 썩어나가는 조세의 부조리를 읊은 「중부重賦」 등은 장안에 사는 지도층 인사들의 작태와 세태를 풍자한 연작시 『진중음秦中吟』의 작품들이다. 그밖에 신악부新樂府 50수 역시 백거이가 중심이 되어 전개한 시문학 운동인 신악부운동의 성과물이다.

신악부운동은 백거이·원진·이신 등을 위시한 서족출신 사대부들이 중심이 되어 추진한 문학운동으로서 정치적 색채가 다분하다. 신악부란 시의 내용에 따라 제목을 붙인 새로운 '악부'시로서 한대의 악부시와 차별성을 두어 붙인 이름이라 할 수 있다. 한대의 악부시가 한대 당시에 일어났던 "기쁘고 슬픈 일에 마음이 움직여 당시의 사건을 주로 읊은 것[感於哀樂, 緣事而發]"이라면 신악부는 바로 "당대 현실의 부조리와 참상을 목도하고 자극 받아 읊은 시가[因事而立題]"라 할 수 있다.

둘 다 『시경』의 현실주의 정신을 계승하였다는 점에서 문학적 맥락을 같이한다고 할 수 있다. 하지만 신악부는 시경의 "완곡하게 에둘러 풍자하는 표현방식〔主文而譎諫〕"을 보다 강화하여 "직설적인 시어로 단도직입으로 풍자하여 독자가 쉽게 뜻을 이해하고 깊이 깨우칠 수 있도록〔其辭質而徑, 欲見之者易諭也, 其言直而切, 欲聞之者深誡也〕" 평이하고 직설적인 언어를 선택하였다.

신악부운동의 주요 키워드는 "爲君爲臣爲民爲物爲事而作, 不爲文而作也"이다. 문학행위가 문자의 유희를 위해 존재하는 것이 아니라 황제로부터 일반백성 그리고 만물을 위해서 봉사해야 한다는 지향이 뚜렷하다. 민생과 국정에 관련된 주요현안을 적극 반영하여 다루었다. 시사문제를 다루는 궁극목적은 무엇인가? 황제가 문제점을 파악하여 적극 개선하게 하는 것이었다. "오로지 민생의 고통과 폐단을 읊어 황제께서 알기를 바랐네〔唯歌生民病, 願得天子知〕"에서 알 수 있듯이 풍유시의 궁극적인 독자는 바로 황제였다.

백거이는 좌습유의 직책을 충실하게 수행하고자 간서諫書를 올리는 것 외에 사람의 심금을 가장 잘 울리는 시가의 역할과 효용을 십분 이용하여 풍유시를 지었던 것이다.

백거이의 풍유시는 이처럼 일정한 정치환경 아래에서 뚜렷한 목적의식을 가지고 지어졌다. 문학을 정치의 보조수단으로 여기는 백거이의 이러한 문학 관념은 한나라 유학자들의 문학 인식을 그대로 계승하였다고 할 수 있다.

신악부 50수의 마지막 편 「채시관采詩官」에서 시가를 채집

하여 국정의 득실을 살피게 했던 주나라의 채시제도를 부활시키자고 주장한 이유도 바로 이러한 인식에 바탕을 둔 것이라 하겠다. 백거이의 신악부는 자신의 시론에 입각하여 국정의 득실과 민생질고를 유발시킨 근본원인을 모색하고 통렬한 비판을 하고 있다.

멀쩡한 팔을 스스로 부러트려 병신을 만들어 병역을 기피했던 한 늙은이의 회고와 고백을 통해서 잦은 전쟁이 몰고 온 백성들의 고통스런 삶을 대변한 「신풍절비옹新豊折臂翁」, 시장에 숯을 팔러 나온 노인이 환관에게 거의 헐값으로 숯을 송두리째 빼앗기면서도 말 한 마디 못하고 당해야만 하는 궁시宮市제도※의 폐해를 생생하게 고발한 「매탄옹賣炭翁」은 당시 제도권이 휘두른 정치적 폭력을 겨냥하여 직격탄을 날린 것이라 하겠다.

※궁시제도란 당나라 덕종德宗 말년에 궁중에서 백성들의 시장에 환관을 파견하여 물건을 구매하는 제도를 말하는데 말이 구매지 강제로 빼앗는 것이나 다름없었다고 한다.

신악부 중에는 만백성의 어버이인 황제의 수양과 소양이 백성들의 행복과 불행에 지대한 영향을 끼친다는 인식하에 올바른 정치를 할 것을 간곡히 기원하는 시편도 다수 차지한다. 불로장생을 꿈꾸며 불사약을 구하기 위해 수많은 재력과 인력을 낭비했던 진시황과 한 무제의 교훈을 예로 들어 불로장생의 허망을 일깨워 준 「해만만海慢慢」, 옛 군왕의 실정을 예로 들어 올바른 국정을 수행할 것을 간곡하게 읊은 「팔준도八駿圖」·「이부인李夫人」・「백련경百鍊鏡」들도 당시 정치현실을 반영한 것이라 하겠다.

그러나 이와는 달리 신악부에는 옛 황제들이 펼친 선정을 찬미하여 그것을 거울삼아 훌륭하게 국정을 이끌어 나갈 것을 넌지시 읊은 「칠덕무七德舞」・「곤명춘수만昆明春水滿」・「포황捕蝗」・「성염주城鹽州」・「도주민道州民」등과 같은 작품도 있다. 또 외래문화의 범람으로 한족 고유의 전통문화가 도태되어 가는 현실을 개탄한 「법곡法曲」・「입부기立部伎」・「화원경華原磬」・「오현탄五絃彈」・「호선녀胡旋女」・「서량기西涼伎」・「시세장時世粧」등도 있다.

백거이는 이처럼 정치적 의도가 농후한 시들을 통칭하여 풍유시라 칭했는데 그의 시집에 도합 170여 수가 수록되어 있다.

풍유시, 특히 그 중 「신악부」나 「진중음」 등은 직설의 시어로 당시 정치의 득실이나 민생의 고통을 고발하는 작품이 주류를 이룬다. 미자비흥美刺比興을 중시하던 한나라 유학가의 전통을 이어받은 것인 동시에 이를 더욱 강화시켰다고 할 수 있다. 즉 한나라 유학자들의 미자비흥설美刺比興說은 풍자보다는 찬미에 중점을 두었으며 완곡하고 함축적인 언사를 중시한 반면, 백거이는 풍자와 폭로에 중점을 두었으며 직설적이고 과격한 언어를 사용하였다는 점에서 차이점을 보인다.

미자비흥설은 백거이에 이르러 최고조에 달했다고 봐야 할 것이다. 관료들의 작태를 신랄하게 비판한 「가무歌舞」를 보자.

한 해가 저물어 가는 수도 장안,	秦中歲云暮
흰 눈이 펑펑 소복이 쌓인다.	大雪滿皇州
눈 맞으며 퇴근하는 관리들	雪中退朝者
모두가 지체 높으신 나리들.	朱紫盡公侯
귀한 몸이라 눈보라 속 거니는 낭만이 있고	貴有風雪興
부유한지라 배고픔에 떨 걱정 없다.	富無飢寒憂
추구하는 것은 오로지 호화저택	所營唯第宅
관심은 온통 놀러다니는 일	所務在追游
으리으리한 집 앞에 수레를 세워놓고	朱門車馬客
붉은 촛불 아래서 가무를 즐긴다.	紅燭歌舞樓
흥청망청 즐기느라 빽빽이 모여 앉고	歡酣促密坐
술에 취해 열이나니 비싼 가죽코트 벗어젖힌다.	醉暖脫重裘
사법부의 관리가 파티의 주인,	秋官爲主人
사법부의 수장이 상석에 앉았다.	廷尉居上頭
대낮에 파티가 시작되었는데	日中爲一樂
한밤중 되도록 끝낼 줄 모르는구나.	夜半不能休
문향의 감옥 안에는 오늘도	豈知閿鄕獄
얼어죽는 죄수 있는 걸 어찌 알까?	中有凍死囚

〔秦中吟十首.「歌舞(一作傷閿鄕縣囚)」〕

감옥에서 얼어죽는 죄수와 대낮부터 파티를 즐기는 관료들의 모습이 선명하게 대조되어 있는 이 시는 백거이의 정치의식을 잘 보여준다. 죄를 지은 죄수가 얼어 죽는 참상과 사법부 등 관료들의 파티는 우선 보기에는 관계가 없어 보인다. 호화파티가 분명 과도하기는 하지만 죄를 지어 수감된 건 백성의 책임이며 얼어죽은 건 옥리의 책임이니까.

그러나 곰곰이 따져보면 이러한 참상은 백성들을 잘 살게 해야 하는 명분과 권한이 부여되어 있는 관료들에게 더 큰 책임이 있다. 그리고 그 참상을 알았으면 시정해야 마땅한데도 이를 방치하고 향락에만 몰두하는 행태는 죄악이나 다름없다는 비난이다. 심지어 백성이 죄를 짓게 된 데는 관료들의 그러한 작태와 모종의 관련이 있다는 인식마저 함축되어 있다.

망국의 사치풍조와 부패 타락상을 고발한 시를 다시 감상해 보자.

〈호화저택을 슬퍼하노라〉

누구 집이 제일 좋나?	誰家起甲第
대로변 붉은 대문.	朱門大道邊
안에는 고대광실 즐비하고	豐屋中櫛比
바깥은 높다란 담장으로 둘러싸였다.	高墻外迴環
예닐곱 넓은 집채	纍纍六七堂
줄줄이 이어졌다.	棟宇相連延
한 채에 백만 금,	一堂費百萬
푸른 연기 솟아오른다.	鬱鬱起青烟
널찍한 방은 따뜻하고 시원하여	洞房溫且清
추위도 더위도 걱정 않는다.	寒暑不能干
높다란 방 툭 틔워서	高堂虛且迥

앉으나 누우나 남산을 바라볼 수 있다.	坐臥見南山
굽이굽이 회랑은 등나무 등걸 드리웠고	繞廊紫藤架
섬돌은 붉은 작약으로 난간을 둘렀다.	夾砌紅藥欄
나뭇가지 부여잡고 앵두를 따고	攀枝摘櫻桃
모란꽃도 옮겨다 심어놓았다.	帶花移牡丹
주인장 이 속에 편히 앉아서	主人此中坐
십 년 동안 고관대작 지내었노라	十載爲大官
주방에는 고기 썩는 냄새 코를 찌르고	廚有臭敗肉
창고에는 돈꾸러미 묶은 줄 썩어빠졌다.	庫有貫朽錢
누가 내 대신 물어봐줄까	誰能將我語
주인장은 친척도 없느냐고	問爾骨肉間
어찌 가난한 친척 없을까만	豈無窮賤者
그들의 배고픔을 외면하는가	忍不救饑寒
어찌 제 한 몸만 떠받들면서	如何奉一身
오래오래 혼자만 잘 살려하는가?	直欲保千年
그대 보지 못했는가? 그 옛날 으리으리했던 마수馬燧의 집도	
	不見馬家宅
이제는 봉성원奉誠園 빈 뜰이 되어버린 것을!	今作奉誠園
	〔「傷宅」〕

    시공은 다르지만 이 시를 읽노라면 한때 도둑촌으로 유명했던 서울 어느 구역의 호화저택이나 남한강 줄기를 따라 들어선 그림같은 별장이 연상되는 건 나만의 편견일까? 시공은 다르지만 사람 사는 세상에 늘 존재하기 마련인 부의 편중은 이런 호

화저택들로 잘 드러나기 마련이다. 아낌없이 나눠주고 기회있을 때마다 사회에 부를 환원하는 양식있는 부자도 있지만 제 한 몸만 아는 못난 부자들 또한 적지 않고, 예나 지금이나 부의 형성과정에는 모종의 흠결이나 문제가 있기 쉽다.

권력과 돈이 서로 몰리는 현상도 아무리 투명한 정치를 내세우고 있는 이 현실에도 비일비재 일어난다. 고위관직 인사이동이 있을 때마다 청문회를 통해서 보고 들었지만 재산증식 과정에 의혹이 없는 고위공직자를 보기란 가물에 콩 나듯하다.

위 시에서 지탄의 대상이 되고 있는 사람 역시 10년 동안 고위직책을 지내고 있는 관료다. 암시되는 대로 부정축재하여 고대광실을 지었고 정원에는 온갖 기화요초가 자라며 집안 도처는 쾌적하기 그지없다. 온갖 풍요를 누리면서도 가난한 친인척에게조차 인색해 고기가 썩어 내버려진다.

지독한 이기주의자 못난 부자들이여! 그대는 같은 시대를 살았던 마수의 그 으리으리한 집도 한 세대를 못 넘기고 아들 대에 망하여 잡초 무성한 동산이 되어버린 사실을 아는가 모르는가? 제 한 몸만 위하는 근시안적인 못난 부자들을 향해 시인은 따끔한 일침을 가하고 있다.

풍유시 창작은 그가 좌습유로 재직 중이었던 원화연간에 집중되어 있는데, 앞에서 언급하였듯 혁신을 통해 당나라 왕조의 중흥을 노렸던 당 헌종의 정치개혁과 관련되어 있기 때문이다.

백거이가 좌습유의 직책에서 물러나고, 또 황제의 개혁의지가 약화되면서 풍유시 창작열기도 퇴조한다. 백거이는 개혁의 허상과 자신의 역량의 한계를 절감하게 된 것이다.

풍유시가 일정한 정치 환경의 산물이라고 할지라도 중국문학에 끼친 영향은 실로 대단했다. 시경-건안풍골建安風骨*-진자앙-두보-원결로 이어지는 중국문학의 현실주의 정신의 맥을 이어 만당시대의 피일휴·육구몽의 정악부正樂府운동에까지 영향을 끼쳤으며 그 이후의 현실주의 문학에도 직·간접으로 심원한 영향을 끼쳤다.

*건안은 한나라 마지막 황제인 헌제의 연호. 풍골은 사람을 감동시키는 진실한 내용과 그에 걸맞은 언어형식을 뜻한다. 한나라 말, 위나라 초기에는 전란의 가운데서 겪었던 참상이나 백성들의 절실한 감정을 노래하는 시가 많았다.

―○ 6.
황제도 못 말리는
강직한 백거이

　정권을 둘러싼 헤게모니 싸움은 아무리 강력한 황제가 나타난다 해도 단칼에 해결되지 않는다. 즉 당 헌종이 제아무리 영명한 군주였다 하더라도 또 아무리 강력한 개혁드라이브를 실행했다 하더라도 기득권 세력의 끝없는 반발과 저항은 지속되게 마련이며, 기득권 세력의 근간을 붕괴시키기는 어렵다. 또 설령 황제와 신진사대부들이 서로 필요에 의해 손을 잡았다 하더라도 황제와 신진사대부들의 정치적 이해관계가 영원히 합치될 수는 없는 노릇이었다.

　당헌종의 개혁드라이브에 힘을 얻은 백거이가 황제의 조치에 대해 사사건건 "아닙니다"를 연발하여 빽빽 의견을 내세우는 통에 헌종마저도 "백거이는 짐이 발탁해 주었는데 짐에게 사사건건 맞서다니… 고얀 놈, 아이고 백거이 저놈은 정말 못 말려 내가 졌다 졌어"라고 할 정도였다고 한다.

　헌종의 반응이 이 정도였으니 당시 기득권 세력의 반발은 두

말할 필요 없을 것이다. 백거이는 당시 기득권자들의 각계각층의 반응을 이렇게 회고하였다.

> 황제 측근 권문세족들은 서로 바라보면서 얼굴이 새파랗게 질렸고, 정치 실세들은 팔목을 붙잡고 부르르 떨며 분개하였으며, 군부의 실세들은 이를 빡빡 갈았다. 나를 씹는 자들은 명예욕에 사로 잡혔다느니 비방을 일삼는다느니, 터무니없이 헐뜯는다느니 하였으며, 설령 날 이해하는 사람일지라도 지나친 직간으로 과거시험에 합격하였지만 재심사에서 불합격 처리되어 한동안 등용되지 못했던 우승유의 사례를 들어 나를 타일렀고 형제와 처자식들도 모두 내가 그르다고 하였다.
> 權豪貴近者, 相目而變色矣, 執政柄者扼腕矣, 握軍要者切齒矣. 不相與者號爲沽名, 號爲訕訐, 號爲訕謗, 苟相與者, 則如牛僧孺之戒焉. 乃至骨肉妻孥, 皆以我爲非.
> 〔「與元九書」〕

고립무원의 지경에 빠진 백거이, 결국 그의 소신과 이상은 헌종의 개혁의도가 해이해짐에 따라 더 이상 힘을 받을 수 없음을 절감한다. 바른말 쓴소리를 적극 장려하였던 헌종도 막상 백거이가 재검토해 줄 것을 요청한 원화 3년의 제거制擧사건, 원화 5년의 쟁청사건爭廳事件,* 또 하북지역의 용병傭兵 등 사안들을 완전히 묵살하고 받아들이지 않았다.

  * 쟁청사건은 백거이의 절친한 친구 원진이 부수역敷水驛에 투숙했을 때 뒤늦게 도착한 환관 유사원劉士元이 이미 원진이 짐을 풀고 쉬고 있는 상청, 즉 특등실을 내놓으라고 요구하자 이를 내놓지 않으려고

신경전을 벌이다가 일방적으로 환관에게 실컷 얻어터지고도 좌천까지 당했던 사건을 말한다. 이 사건은 단순한 자리싸움이 아니라 신진사대부 세력과 환관의 골 깊은 알력이 표면화된 것이며, 당시 황제였던 헌종이 환관의 손을 들어줌으로써 신진사대부들의 좌절이 컸던 사건이다.

전제군주 아래에서 지식인의 힘이라는 게 얼마나 미력한지 절감한 그는 더 이상 고원한 이상을 펼칠 현실이 없음을 깨닫고 처량한 봉급생활자로서의 길에 안주하려는 뜻을 나타내기에 이른다.

7.
현실과 이상 사이의 방황
- 늙음의 한탄

좌습유 임기가 만료된 뒤 백거이는 경조부호조참군京兆府戶曹參軍에 임명되었다. 그의 나이 39세였다. 유가의 이상정치가 실현되기를 꿈꾸면서 유능한 신하로서의 소임을 다하고 싶었던 백거이는 정치에 적극 참여하면 할수록 이상과 현실의 괴리를 절감하였다. 정치는 의욕과 도덕성과 정의감만 가지고 되는 게 아니라는 사실을 깨달은 것이다.

그럴 즈음 좌습유 임기가 만료되었고 백거이는 호조참군을 자청하였다. 호조참군은 속관으로서 품계는 비록 좌습유보다 높고 월급도 많았지만 실권은 없는 자리였다. 하지만 백거이는 이 관직에 임명되었을 때 그 즐거움을 이렇게 노래하였다.

……

봉급 사오만 전	俸錢四五萬
다달이 아침저녁 봉양은 할 수 있다.	月可奉晨昏

녹봉 200석	廩祿二百石
한 해 곳간은 채울 만하다.	歲可盈倉囷
……	
인생은 길어봤자 백 년	人生百歲期
칠십까지 사는 이 몇몇이던가?	七十有幾人
덧없는 영화와 공허한 지위	浮榮及虛位
모두가 내게는 객일 뿐.	皆是身之賓
오직 입고 먹는 것만이	唯有衣與食
나와 관련이 있다.	此事粗關身
배고픔과 추위만 면할 수 있다면	苟免飢寒外
나머지는 모두 뜬구름.	餘物盡浮雲

〔「初除戶曹, 喜而言志」〕

이전보다 더 많은 월급을 받게 되어 형편이 윤택해지고 병든 노모를 더 잘 봉양할 수 있게 되어 기쁘다는 심정을 노래하고 있다. 반면에 부귀와 공명 같은 것은 모두가 뜬구름처럼 부질없는 것이며 춥고 배고픔만 면하면 족하다고 하였다. 열과 성을 다하여 간관의 직책을 수행하고 불합리한 제도와 잘못된 정치를 개선하기 위하여 불철주야 노력하였던 좌습유 시절과 비교하면 너무나 판이하게 다른 모습이다. 이런 모습은 같은 시기에 쓴 또 다른 시에서도 볼 수 있다.

몸이 초연하니 사지의 고통 잊고	身適忘四支
마음이 초연하니 세상 시비 잊는다.	心適忘是非

심신을 초연하고 또 초연한 것조차 잊으니	旣適又忘適
내가 누구인지 모르겠노라.	不知吾是誰
신체는 마른 나무토막	百體如槁木
아무것도 못 느끼고	兀然無所知
마음은 불 꺼진 재	方寸如死灰
아무것도 생각 않네.	寂然無所思
오늘도 또 내일도	今日復明日
몸과 마음 모두 잊는다.	身心忽兩遺
내 나이 서른아홉	行年三十九
이 해도 저무누나.	歲暮日斜時
마흔에도 마음이 동요치 않으니	四十心不動
그만하면 되리라.	吾今其庶幾
	〔「隱几」〕

현실의 일체 현상에 무감각한 고목 같은 신체, 타고 남은 재처럼 사그라진 욕망, 온갖 시비와 명리를 잊은 시적 화자 백거이의 모습이 잘 형상화되어 있다.

그런데 고백처럼 과연 그가 현실정치에 무관심해지고 자신을 잊을 수 있었을까? 아니다. 그것이 아니라는 것을 동일시기에 지은 다른 시를 보면 알 수 있다.

서른 살에 흰머리가 나기 시작하더니	三十生二毛
조로는 어느덧 고질병이 되었다.	早衰爲沉痾
마흔 살에 품계는 7품,	四十官七品

관리살이 서투른 것은 다른 이유 없네	拙宦非由他
얼굴은 날로 바짝 말라 가고	年顔日枯槁
관운은 날로 시원찮구나.	時命日蹉跎
어찌 나만이 이와 같으랴	豈獨我如此
성현도 모두 어쩔 수 없었지	聖賢無奈何
친구를 모두 둘러보아도	回觀親舊中
모두들 나보다 못하구나.	擧目尤可嗟
천수를 다해 죽은 친구는	或有終老者
진흙처럼 비천하게 살다 갔고	沉賤如泥沙
한창 장성했던 한 친구는	或有始壯者
바람결의 꽃처럼 홀연히 떠났다.	飄忽如風花
가난한 친구 요절한 친구	窮餓與夭促
그들보다 나는 훨씬 행복하다.	不如我者多
이로써 스스로 위로를 하며	以此反自慰
늘 마음에 평화를 얻는다.	常得心平和
나와 같은 병을 앓는 자들아	寄言同病者
탄식 대신 노래를 부를지어다.	回嘆且爲歌

〔「寄同病者」〕

이 시 역시 호조참군에 임명된 직후 지은 시이다. 임명을 기뻐하면서 지은 앞의 시와는 너무나 대조적이다. "얼굴은 날로 바짝 말라가고, 관운은 날로 시원찮구나"는 이 시의 핵심어라 할 수 있다. 흐르는 세월처럼 관직도 절로 순탄하게 올라가면 얼마나 좋을까?

7품관직은 이전의 좌습유보다 한 급 더 높긴 하지만 성에 차지 않은 것이다. 백거이는 그러한 불만을 해소시켜 보려고 자신보다 더 불우한 사람들의 예를 통해서 심리의 균형을 되찾고 탄식 대신 즐거운 노래를 불러보려 한다.

하지만 이 모든 것은 일시적인 자기위안에 불과하였다. 불만스러운 현실이 계속되는 한 근심걱정은 그 근본이 해소될 수 없는 노릇이기 때문이다.

재미있는 현상은 백거이시집을 보면 늙음에 대한 한탄이 반복되고 있다는 사실이다. 위 시에서도 보았듯 서른 살에 벌써 흰머리가 나고 늙음이 고질병이 되었다고 하지 않는가? 서른 살부터 늙음을 한탄하다니 엄살이 너무 심한 게 아닐까? 늙음을 영탄한 시의 구절을 예시하자면 끝도 없을 것이다. 여기에서는 열구만 열거하겠다.

젊은 시절 날 버리고 떠나가니
빗질할 때마다 백발이 떨어진다.
    少年辭我去 白髮隨梳落. 〔「歎老」〕

다만 두려운 것은 거울 속의
내 얼굴 어제보다 더 늙는 것.
    但恐鏡中顔 今朝老於昨. 〔「歎老」〕

머리에 흰머리 나고부터는

거울 닦고 얼굴 비춰보기 싫어졌다.

    自從頭白來 不欲明磨拭.　　　　　　　　　　　　　　〔「歎老2」〕

인생은 부싯돌 불꽃처럼 순식간에 사라지건만
즐거움은 늘 더디 오는구나.

    人生如石火 爲樂長苦遲.　　　　　　　　　　　　　　〔「秋懷」〕

검은 머리 날로 새어만 가고
하얀 얼굴 날로 늙어가누나.

    黑頭日已白 白面日已黑.　　　　　　　　　　　　　　〔「詠懷」〕

희화*는 해님 몰고 세월 따라가면서
인간세상에 오래 머무는 것 허락하지 않는다.

    羲和走馭趁年光 不許人間日月長.　　　　　　　　　　〔「遣懷」〕

＊희화는 중국신화에 나오는 태양여신이며 천제天帝 준俊의 처. 10개의 태양을 낳아 양곡暘谷의 부상扶桑[중국 고대신화에서 東海에 있다고 하는 神木]에 두었다. 태양은 매일 교대로 밖으로 나가 순회하는데, 희화가 함께 수레를 타고 나갔다가 태양이 우연虞淵에 다다른 뒤에 수레를 돌려 올라온다. 또 다른 전설에 의하면 희화는 천지가 처음 생겨났을 때 태양과 달을 주관하는 신이었다고 한다. 『상서尙書』 요전堯典 편에서는 희와 화가 각각 천문天文과 지리地理를 담당하는 두 명의 관리라고 했다.

인간의 수명은 산만큼 영원하지 못한데
세월은 물보다 빨리 흘러가는구나.

    人壽不如山 年光急於水.　　　　　　　　　　　　　〔「早秋曲江感懷」〕

해님을 매놓을 긴 끈도 없지만
청춘을 멈추게 할 명약도 없구나.

旣無長繩繫白日 又無大藥駐朱顔.　　　　　　　　　　〔「浩歌行」〕

세월은 물처럼 흘러가고
백 일은 귀밑머리 날로 새게 만드누나.
年光似水向東去 兩鬢不禁白日催.　　　　　　　　〔「早秋曲江感懷」〕

강물은 흘러가면 다시 돌아올 수 없고
사람은 한번 늙으면 다시 젊어질 수 없다.
百川未有回流水 一老從無却少人.　　　　　　　　　　　〔「春居」〕

  백거이는 왜 이렇듯 늙음을 반복 영탄하는 걸까? 우리 인간의 생명은 짧고도 유한한 반면에 장구한 우주는 시공을 초월하여 영원히 존재한다. 인간은 광활하고 장구한 우주의 시공 앞에서 자신을 푸른 바다 속 좁쌀 같은 존재라고 의식하며 콤플렉스를 느낀다.

  인생은 재방송도 또 녹화방송도 없는 일회성 삶이며 백화점에서 물건 고르듯 필요한 시간과 공간을 선택하여 원하는 만큼 살 수도 없다. 주어진 시간과 공간 속에 딱 한 번만 존재할 수 있기 때문에 이루고 싶은 것도 많고 하고 싶은 것도 많다. 그 포부와 욕망이 원하는 대로 따라주지 않을 때, 엉뚱하게도 시간을 탓하고 원망하면서 시계바늘을 접착제로 고정시켜 놓고 싶다는 둥 해님의 발목에 쇠사슬을 채워놓고 싶다는 둥 별 희한한 소리를 다하며 탄식하게 된다. 영원히 살 수만 있다면 영원히 시간이 정지만 된다면 못 이룰 꿈도 희망도 없을 테니까. 따라서 시간을 탄식한다는 건 인생이 그리고 포부가 생각대로 마음먹은 대로 뜻대로 풀리지 않는다는 뜻이다.

백거이 시 속의 늙음에 관련된 숱한 탄식도 이러한 각도에서 이해해야 할 것이다. 늙음을 탄식하는 계기가 잦다는 것은 삶이 여의치 않다는 사실을 반증한다.

호조참군에 임명된 바로 그 이듬해에 백거이는 다시 한번 큰 슬픔에 봉착한다. 어머니가 돌아가신 것이다. 부모의 상을 당하면 관직을 내놓고 3년 동안 상주노릇을 하는 게 봉건시대 사대부의 예법이었다.

고향으로 돌아와 3년상을 치르는 동안 그는 모친을 잃은 슬픔도 슬픔이지만 황제의 측근신하에서 속관으로, 그리고 또 벼슬마저 반납하고 고향에 돌아온 자신의 신세에 초조해 하기도 하였다. 세월이 흐르는 데 대한 탄식이 다시금 고개를 든다. 관련시를 보면 아래와 같다.

온갖 꽃 눈송이처럼 떨어지는데	百花落如雪
귀밑머리 양쪽엔 하얀 실 늘어졌다.	兩鬢垂作絲
봄은 떠나면 다시 올 날 있겠지만	春去有來日
늙으면 다시는 젊어질 수 없으리.	我老无少時
살면서 부귀를 기다려 보지만	人生待富貴
즐거움은 언제나 잘 오지 않는다.	爲樂常苦遲

가난하고 비천한 신세이지만 不如貧賤日
분수대로 살면서 찡그린 눈썹 펴련다. 隨分開愁眉
늘 타던 나의 말 팔아버렸고 賣我所乘馬
옛날 입던 관복도 전당잡혔다. 典我舊朝衣
전당잡혀 받은 돈 술을 사먹고 盡將酤酒飮
취하여 비틀비틀 집으로 향한다. 酩酊步行歸
이름은 날로 묻혀만 가고 名姓日隱晦
모습은 날로 노쇠해 간다. 形骸日變衰
술에 취해 주막에 누워 있는 나를 醉臥黃公肆
남들이 누군지 어찌 알까? 人知我是誰
〔「晚春沽酒」〕

시내에서 낚시질하다 저녁 늦게 돌아오다 晚從南澗釣魚回
백양나무 아래 빈터에서 잠시 앉아 쉬노라 歇此墟中白楊下
옷은 낡아빠지고 백발은 새로 돋아, 褐衣半故白髮新
사람들 날 만나도 누구인 줄 모른다. 人逢知我是何人
위촌渭村의 나루터에서 쉬어가는 나그네 誰言渭浦栖遲客
그 옛날 임금님 모시던 신하인 줄 뉘 알리요? 曾作H泉侍從臣
〔「東墟晚歇(時退居渭村)」〕

　백수신세가 되어 허송세월하는 백거이의 모습이 잘 형상화되어 있다. 사실 백수라고는 하지만 시한부 백수인 셈이다. 3년만 지나면 자동 복직되건만 백거이는 초조한 것이다. 관리신분을 상징하는 말과 관복을 팔아버리고 전당잡혔다는 건 휴직 이후 살림살이가 어렵다는 사실을 환기시킨다.

그런데 식구들에게 쌀밥이라도 한 끼 먹이나 했더니 그게 아니다. 술을 사서 마시려고 했던 것이다. 술이라도 퍼마시지 않으면 고통스런 현실에 버티기 힘들었던 것이다.

모친상으로 부득이하게 관직을 떠나 있긴 하지만 황제 측근의 신하에서 일락천장, 고향의 초야에 묻혀 허송세월만 하고 있는 것이다. 인생은 유한한데 인생의 목표는 날로 멀어진다. 두 시 모두 속절없이 흐르는 세월과 늙음을 한탄하고 있다. 현실이 만족스럽지 않다는 의미를 읽어낼 수 있음은 물론이다.

삶이 여의치 않을 때 그 고통을 해소하는 방법은 사람마다 다양하다. 백거이의 경우 술과 노장과 불교였다. 그는 시도를 되풀이한다. 백거이시집에 술과 노장과 불교에 관한 시어가 많이 등장하는 이유이기도 하다.

3년간의 모친상을 마치고 관직에 복귀하여 태자좌찬선대부太子左贊善大夫로 발령을 받았을 때, 백거이 나이는 마흔셋. 아직 꿈을 접기엔 너무도 젊은 나이건만 태자의 교육만 담당하는 한직에 불과하여, 늙음을 한탄하는 노래가 계속된다.

병든 몸 처음으로 태자를 배알할 때	病身初謁靑宮日
늙은 모습 백발을 허옇게 드리웠다.	衰貌新垂白髮年
적막한 한직이라 썰렁하기 짝이 없고	寂寞曹司非熱地
스산한 눈발은 차가운 하늘에 가득하다.	蕭條風雪是寒天

〔「初授贊善大夫早期寄李二十助敎」〕

별볼일 없는 한직에 발령받고 실망하는 백거이 모습이 선명하다. 입으로 아무리 괜찮다고 되풀이하고 마음으로 아무리 단념하자고 다짐을 해도, 애당초 품었던 원대한 포부를 잠재울 길 없는데, 희망과는 달리 야망과도 달리 백거이의 관운은 자꾸 꼬여만 갔다.

뒤이어 찬선대부에 임명된 그 이듬해 여름, 그러니까 원화 10년(815), 재상 무원형이 자객에게 암살당하고 어사중승 배도가 중상을 입는 사건이 발생하였다. 이 사건을 국가적 수치로 인식하였던 백거이는 간관이 사건의 전말을 정식으로 황제께 보고하기도 전에 한발 앞서 상소를 올려 조속히 범인을 체포할 것을 청원하였다. 그러니까 일종의 월권행위를 했던 것이다.

이를 빌미로 그간 백거이를 별러왔던 자들의 비난이 한꺼번에 쏟아졌으며 사건은 엉뚱한 곳으로 비화되었다. 즉 월권시비에서 사대부로서의 자질과 명교名敎의 문제로 튀어버린 것이다. 백거이는 말만 번지르르 할 뿐 행실은 개차반이라고 하는가 하면, 모친이 꽃구경을 하다가 우물에 빠져죽었는데도 시 「상화賞花」와 「신정新井」을 지었는데, 이렇게 활개를 치고 다니게 놔둘 수 없다고 비난하기도 했다.

명교란 인륜을 핵심으로 하는 유가의 가르침이다. 그러니까 백거이는 패륜아라는 말이다. 유가를 신봉하는 사대부에게는 치명적인 죄명이 아닐 수 없다. 결국 백거이는 이 사건을 계기로 강주사마라는 산간벽지의 한직으로 좌천된다. 그의 정치생애에서 가장 심각한 타격을 받은 것이다. 그의 나이 44세 때의 일이었다.

8.
눈물 적신 강주사마 푸른 적삼
- 비파행

　　강주사마로 좌천되어 가던 도중 지난 일을 생각하니 생각할수록 억울하고 분하기 짝이 없었다. 황제를 향한 일편단심은 한낱 짝사랑으로 끝나고 인륜을 저버린 패륜아라는 죄목만이 씌어졌던 것이다. 백거이는 억울했다. 그 심정을 그는 다음과 같은 시로 읊으면서 자신을 위로하고 달랬다.

　알쏭달쏭 헷갈려 판단하지 못할 때는,　　　　　贈君一法決狐疑
　굳이 점을 쳐서 물어볼 필요 없지.　　　　　　不用鑽龜與祝蓍
　옥인지 아닌지는 사흘만 불에 태워보면 알 수 있고
　　　　　　　　　　　　　　　　　　　　　試玉要燒三日滿
　재목이 될지 안 될지는 칠 년만 기다리면 알 수 있다네.
　　　　　　　　　　　　　　　　　　　　　辨材須待七年期
　주공은 두려워했지 유언비언 난무할 때　　　　周公恐懼流言日
　왕망은 겸손했었지 제위를 찬탈하지 않았을 때는.
　　　　　　　　　　　　　　　　　　　　　王莽謙恭未篡時

만약 그 당시 죽어버리고 말았다면 向使當初身便死
충신과 간신을 누가 알 수 있었을까? 一生眞僞復誰知
〔「放言」〕

 억울하고 분하여 당장이라도 죽어서 그 결백을 보여주고 싶었지만, 백거이는 참았다. 옥인지 돌인지는 3일 만 태워보면 알 수 있고, 나무가 재목이 될지 안될지는 칠 년만 기다려 보면 안다. 옛날 주공이 조카를 대신해서 섭정을 할 때, 사람들은 그가 왕위를 찬탈하려는 것으로 오해했었다. 하지만 그는 정치를 궤도에 올려놓고 조카에게 왕위를 되돌려 주어 후세사람의 칭송을 받지 않았던가.

 반면 한나라 때 왕망은 왕위를 찬탈하려는 야심을 감추고 안으로는 부모에게 효도하였고 바깥으로는 몸을 낮추어 인격이 높고 능력있는 사람을 공경하였으며 솔선수범 검소한 생활을 하여 만인의 칭송을 받았었다.

 그런 그에게 제위찬탈의 야심이 있을 줄은 꿈에도 몰랐었다. 하지만 훗날 평제平帝가 갑자기 서거하자 그는 2살 난 평제의 아들을 황위계승자로 세워놓고 자신을 섭황제攝皇帝라 부르게 하였다. 그는 온갖 방법을 동원해서 사람들의 환심을 사는 한편, 자신이 황제가 될 조짐이 있다는 여러 정황을 조작하여 결국엔 어린 황제를 폐위시키고 스스로 황제가 되었고 국호를 신新이라 하였다.

 이렇듯 상대편이 작정하고 모함하거나 혹은 철저하게 위선을 행하면 아무리 변명해도 소용없고 아무리 증거를 캐려 해도 당시에는 속수무책인 것이다. 이럴 경우 열을 받고 제풀에 죽어버리거나, 절망하고 의기소침하여 죽음을 선택한다면 진상은 영원히 밝혀지지 않을 것이다. 오로지 죽지 않고 참고 기다리다 보면 저절로 진상이 밝혀지는 법, 시간이 바로 해결사가 될 것이라는 것이다.

충천하는 분노와 억울한 마음을 달래면서 산간벽지에서 귀양살이 하는 동안, 그러나 바로 이 시기에 걸작 「비파행」이 탄생되었다. 좌절과 울분으로 참담했던 당시의 심정을 비파 타는 여인의 비참한 신세에 기탁해 본 것이다. 명작은 곤궁한 처지에서 나온다는 "시궁이후공詩窮而後工"이라는 잠언은 빈말이 아니었다.

「비파행」 역시 「장한가」와 마찬가지로 7언 가행체歌行體 시로 총88구 616자로 이루어져 있다. 비파의 연주기법과 비파소리를 문자로 형상화한 부분은 천고의 절창이며, 비파 타는 여인의 신세를 듣고 탄식하며 흐느끼는 백거이의 모습을 묘사한 마지막 구절 또한 인구에 회자되는 명구이다. 절록하면 아래와 같다.

팽팽히 줄을 당겨 두서너 번 튕겨내니	轉軸撥弦三兩聲
연주도 하기 전에 감정이 먼저 앞서는구나.	未成曲調先有情
줄마다 억눌린 감정, 소리마다 슬픈 가락	弦弦掩抑聲聲思

평생의 못 이룬 한 호소하는 듯	似訴平生不得意
이마를 숙이고 손 가는 대로 속속 타니	低眉信手續續彈
마음속 무한한 사연 모두 이야기하는 듯	說盡心中无限事
슬쩍 어루만져 천천히 비틀어 눌렀다가 튕겨내니	輕攏慢捻抹復挑
처음은 예상우의곡, 뒤는 육요가락,	初爲霓裳後六幺
큰 줄은 시끌씨끌 소나기 떨어지는 소리	大弦嘈嘈如急雨
작은 줄은 소곤소곤 귀엣말 속삭이는 소리	小弦切切如私語
시끌시끌 소곤소곤 번갈아 섞어 타니	嘈嘈切切錯雜彈
큰 구슬 작은 구슬 옥쟁반에 떨어진다.	大珠小珠落玉盤
꾀꼴꾀꼴 꾀꼬리소리 꽃숲 아래 매끄럽고	間關鶯語花底滑
그윽이 흐느끼는 샘물 물 아래 여울진다.	幽咽泉流水下灘
샘물은 얼음처럼 차가워 현이 얼어 끊어진다.	水泉冷澀弦疑絶
끊어져 막히니 소리도 잠시 멈추었다.	凝絶不通聲暫歇
그윽한 슬픔 남 모르는 한 또다시 생겨나니	別有幽愁闇恨生
이 때 소리가 없는 건 있는 것보다 훨씬 좋다.	此時無聲勝有聲
은항아리 갑자기 깨지더니 물이 솟구친다.	銀瓶乍破水漿迸
철마가 느닷없이 나타나서 창칼을 울린다.	鐵騎突出刀槍鳴
연주가 끝나고 비파의 한복판을 그어대니	曲終收撥當心畫
네 줄이 동시에 비단 찢는 소리를 내는구나.	四弦一聲如裂帛
동쪽 배도 서쪽 배도 말없이 고요한데	東船西舫悄無言
강 한복판에는 휘영청 가을달이 밝구나	唯見江心秋月白
한참을 생각하다 발목*을 줄 한가운데 꽂고서는	沈吟放撥挿絃中
옷매무새 매만지고 얼굴도 단정하게 가다듬는다.	整頓衣裳起斂容

....

연주소리만 듣고도 이미 탄식하였는데	我聞琵琶已嘆息
기구한 사연 듣고 보니 나오느니 탄식뿐	又聞此語重唧唧
우리 모두 하늘 끝 떠도는 불우한 신세	同是天涯淪落人
옛 친구 아닌들 어찌 또 못 만나랴	相逢何必曾相識
나는 작년에 임금님 계신 서울을 떠나	我從去年辭帝京
심양성에 귀양 와서 몸져 누워지냈다오	謫居臥病潯陽城
심양은 작은 촌구석이라 음악도 없어	潯陽小處無音樂
일 년 내내 현악기 소리 한번 못 들었다오.	終歲不聞絲竹聲
사는 곳은 분강 근처 저습한 지대	住近湓江地低濕
누런 갈대 참대나무가 에워싸고 있다오	黃蘆苦竹繞宅生
그 곳에서 아침저녁으로 무슨 소리를 들을까요	其間旦暮聞何物
피 토하며 섧게 우는 두견새 소리, 애닯게 슬피 우는 원숭이 소리	杜鵑啼血猿哀鳴
봄 강 꽃피는 아침 가을 달밤에	春江花朝秋月夜
종종 술 받아다 홀로 술잔 기울이지요	往往取酒還獨傾
어찌 나무꾼의 노래 목동의 풀피리소리 없을까만	豈無山歌與村笛
주절주절 시끌시끌 귀가 괴롭다오	嘔啞嘲哳難爲聽
오늘밤 당신의 비파연주 들으니	今夜聞君琵琶語
천상의 음악 듣는 듯 귀가 번쩍 트이는구려	如聽仙樂耳暫明
사양 말고 다시 앉아 한 곡만 더 타시오	莫辭更坐彈一曲
내 그대 위해 비파의 노래지어 줄 터이니	爲君翻作琵琶行
내 말에 감동되어 한참을 서 있다가	感我此言良久立
자리에 다시 앉아 줄을 조이니 소리가 빨라지는구나	却坐促弦弦轉急

처량한 그 소리 이전보다 더하더니 凄凄不似向前聲
연주소리 듣고서 일제히 얼굴을 가리고 우는구나 滿座重聞皆掩泣
좌중에서 흘린 눈물 누가 제일 많을까? 座中泣下誰最多
강주사마 푸른 적삼 흥건히 젖었도다. 江州司馬靑衫濕

*발목撥木은 pick로 비파 줄을 탈 때 쓰는 도구이다.

"좌중에서 흘린 눈물 누가 제일 많을까? 강주사마 푸른 적삼 흥건히 젖었도다." 중앙의 관리에서 산간오지 실권없는 말단관직으로 밀려난 백거이의 서글픈 신세는 한때 장안의 최고 스타로서 인기를 누리다가 산간벽지 장사꾼의 아내로 전락하여 강 위를 떠돌며 비파나 타는 여인의 신세와 다를 바 없다.

동병상련의 눈물을 철철 흘리며 자신의 신세를 서러워하는 백거이의 모습이 생생하게 살아 움직인다. 하는 일마다 실패하고 숱한 좌절을 경험한 사람이라면 비파행을 읽으면서 아마 백거이 못지않게 엉엉 울며 자신의 신세를 슬퍼하리라.

처량한 내용과 구성진 노랫가락이 일품인 비파행이 후대 중국문학에 끼친 영향은 대단하였다. 특히 후대의 희곡작가들에게 좋은 제재를 제공하여 많은 희곡작품들이 나왔다. 예컨대 마치원馬致遠의 청삼루靑衫淚, 고대곡顧大曲의 청삼기靑衫記, 장사전蔣士銓의 사현추四絃秋 등 작품은 모두 비파행을 저본으로 하여 지은 작품이다.

그 가운데 청삼루와 청삼기는 백거이와 기생 배흥노裴興奴의 연애스토리에 초점을 맞추었으며 청삼기는 거기에다 백거이의

줄마다 억눌린 감정, 소리마다 슬픈 가락
호소하는 듯.

애첩이었던 소만과 번소 두 기생과의 사랑을 첨가하여 스토리를 더욱 흥미진진하게 만들었다. 반면 사현추는 백거이의 평생의 사적을 비교적 충실하게 묘사하고 있다. 이밖에 조금제趙琴齊의 비파행, 유곡원兪曲園의 노원老園도 비파행의 영향을 받아 지은 작품들이다.

────── ○ 9.
새장에 갇힌 새
푸른 숲을 그리워하다

지식인에게 있어서 벼슬은 겸제천하兼濟天下의 이상을 실현하여 주는 동시에 의식주 문제 또한 해결해 주는 열쇠였다. 서족출신 관리에게 관직의 의미가 그렇다는 것을 백거이는 이렇게 읊었다.

사내로 태어나서 옛사람의 책을 읽고	男兒口讀古人書
관리되어 공손히 일에 종사함은	束帶斂手來從事
작게는 봉급을 받아 가족들 부양하고	近將徇祿給一家
크게는 도를 행하여 임금을 보좌하는데 있지	遠則行道佐時理
도를 행하고 임금을 보좌하는 것은 반드시 때를 만나야 하리니	
	行道佐時須待命
말단직에 있어도 수치스럽지 않네	委身下位無爲恥
때가 오지 않을 때 먹을 것을 구하는 것은	命苟未來且求食
관리의 고하를 막론하고 똑같은 것	官無卑高及遠邇
사내로 태어나 천하를 구제하지 못한다면	男兒上旣未能濟天下

적어도 배고픔과 추위는 모면해야 하리　　　　下又不至飢寒死
보아하니 구품에서 일품까지　　　　　　　　　吾觀九品至一品
관리들 사정은 모두 비슷하다오.　　　　　　　其間氣味都相似
　　　　　　　　　　　　　　　　　　　　　　〔「王夫子」〕

　옛사람이 쓴 책을 읽는다는 것은 공부를 한다는 의미이고, 예나 지금이나 공부의 목적은 결국 일자리를 얻고 "도를 행하여 임금을 보좌하는" 것, 다시 말해서 실력을 발휘하여 국가발전에 이바지하는 것이라 하겠다. 하지만 통속적으로 말한다면 "봉급을 받아 가족을 부양하기 위한 것"이기 쉽다. 즉 생계유지를 위한 것이다.
　요즘이야 철저한 인사고과 관리와 무한경쟁체제의 도입으로 숱한 오륙도와 사오정들이 쏟아져 나오고 있지만, 중세에는 일단 한번 관리가 되면 대역죄로 몰리지 않는 한 철밥통이 보장되었다.
　하지만 그렇다고 지식인으로서 밥만 먹는 데 만족할 수 있는가? 그런 사람도 있었고 그렇지 않은 사람도 있었지만, 가족도 부양하고 또 겸제천하의 이상을 실현시키는 게 지식인들의 이상이었다.
　그러나 현실정치 속에서 그들의 이상은 십중팔구 집권자의 정치적 이해관계와 서로 상치되어 좌절하고 패배하기 일쑤였다. 이럴 경우 이상을 간직한 채 조용히 물러나서 다시금 기회가 오기를 기다리는 은사隱士형의 인물이 있는가 하면, 이상을 꺾고

> 潯陽聲滿耳飲君螺盃酒醉卧不能起見君五老峯益悔居
> 城市愛君三男兒始歎身無子余方鑪峯下結室爲居士山此
> 與山東往來從此始
>
> 香鑪峯下新置草堂即事詠懐題於石上
>
> 香鑪峯北面遺愛寺西偏白石何鑿鑿淸流亦潺湲有松數十
> 株有竹千餘竿松張翠蓋竹倚靑琅玕其下無人居惜哉多歳
> 年有時獨徃終日空風烟時不沉冥孑姓白字樂天平生無
> 所好見此心依然如獲終老地忽乎不知還架嚴結茅字斬磐開
> 茶園何以洗我耳屋頭落飛泉何以淨我眼砌下生白蓮左手
> 攜一壺右手挈五絃徜然意自足其踞於其間興酣仰天歌歌中
> 聊寄言言我本野夫誤爲世綱牽時來昔捧日老去今歸山倦
> 鳥得茂樹涸魚反淸源捨此欲焉徃人閒多險艱
> 草堂前新開一池養魚種荷日有幽趣

현실과 타협해 구차하게 월급만 바라보는 녹사祿仕형 인물이 있었다.

백거이는 패륜아라는 수모까지 겪고 강주사마로 좌천되는 수난과 좌절을 당했지만 고봉을 견디기로 작정하였다. 의식주 때문에 사직할 엄두를 내지 못한 것이다. 하지만 고통을 이겨내기란 지극히 어려웠다. 정치에 대한 염증과 좌천의 실의를 극복하기 위하여 그는 은일을 갈망한다.

이러한 염원과 결심은 유배지 강주 부근에 있는 여산 향로봉에다 초당을 지으면서 더욱 굳어진다.

❶

지친 새 무성한 숲으로 되돌아 온 듯　　　　　　　倦鳥得茂樹
말라죽어 가던 물고기 맑은 물로 돌아온 듯　　　　涸魚返淸源
이곳을 버리고 어디로 가려 하는가　　　　　　　　舍此欲焉往
인간 세상은 너무나 험난한데　　　　　　　　　　人間多險艱

〔「香爐峰下新置草堂, 卽事懷, 題于石上」〕

❷

산림에 들어오니 지친 몸 쉴 수 있어 즐거워라.　喜入山林初息影
조정으로 종종걸음 치며 오랫동안 고달팠었지.　厭趨朝市久勞生
젊어선 산수에 은거할 뜻 별로 없었는데　　　　早年薄有烟霞志
나이 드니 세상살이 어려운 줄 알겠노라!　　　　歲晚深諳世俗情
내 이미 호계의 구름 속에 누워 있기로 작정하였으니

　　　　　　　　　　　　　　　　　　　　　　已許虎溪雲裏臥

임금님께로 향하는 길 다시는 다투지 않으리라.　不爭龍尾道前行
이제부턴 귓가가 맑고 깨끗해지리니　　　　　　從玆耳界應淸淨
시끌벅적 헐뜯는 소리 안 들어도 되리.　　　　　免見啾啾毁譽聲

〔「香爐峰下新卜山居, 草堂初成, 偶題東壁」〕

❸

여산은 이름을 숨기기에 좋은 곳　　　　　　　　匡廬便是逃名地
사마는 늙음을 보내기에 좋은 관직　　　　　　　司馬仍爲送老官
속 편하고 맘 편하면 그 곳이 고향　　　　　　　心泰身寧是歸處
고향이 어찌 장안에만 있겠는가!　　　　　　　　故鄕何獨在長安

〔「香爐峰下新卜山居, 草堂初成, 偶題東壁」〕

❹
지금부터 벼슬길과 긴 이별 고하리니	宦途自此心長別
다시는 세상일 입에 담지 않으리	世事從今口不言
이 몸을 초개처럼 여길 것이며	豈止形骸同土木
목숨도 하늘에게 맡기리라.	兼將壽夭任乾坤

〔「香爐峰下新卜山居, 草堂初成, 偶題東壁」〕

❶에서는 울창한 수목, 맑은 시내에 파묻혀 유유자적하는 자신을 수풀로 돌아온 지친 새와 말라죽기 직전에 시내로 되돌아온 물고기에 비유하였다. "속편하고 맘 편하면 그 곳이 고향, 고향이 어찌 장안에만 있겠는가!" "이곳을 버리고 어디로 가려 하는가, 인간세상은 너무 험난한데"는 은일을 지향하는 결심을 확고하게 드러낸 구절이다.

나머지 시구 역시 세상사에 대한 관심과 세속의 욕망을 끊고 여산에 은거하겠다는 결심을 나타낸 것이다.

백거이는 이렇듯 관직에 대한 미련을 단호히 끊고 은퇴할 뜻을 수차례 표명한 바 있었다. 하지만 끝내 실행에 옮기진 못했다. 뿐만 아니라 같은 시기에 쓴 다른 시편을 살펴보면 오히려 관직을 바라는 강렬한 소망, 그리고 그것이 실현되지 않는 데서 오는 고통을 토로하고 있다.

| 공명을 예부터 얼마나 좋아했던가? | 功名宿昔人多許 |

영광이란 순식간에 사라지는 걸 모르고.　　　　寵辱斯須自不知
하루아침에 총애 잃고 좌천부터 되더니　　　　一旦失恩先左降
삼 년 지난 지금도 서울로 돌아가지 못하네　　三年隨例未量移
말머리에서 뿔을 찾은들 언제쯤 돋을 턴가　　　馬頭覓角生何日
부싯돌로 불꽃을 당긴들 얼마나 오래 가련가?　石火敲光住幾時
지난날과 내 신세 모두 이와 같으니　　　　　　前事是身俱若此
부처님께 귀의하지 않고 어디로 가려는가?　　　空門不去欲何之
　　　　　　　　　　　　　　　　　　　　　　〔「自題」〕

　좌천생활에서 벗어나고픈 소망과 기다림이 행간에 넘친다. 그 소망이 쉽사리 이루어지지 않자 불교에 귀의하여 고통을 치유하려하고 있다.

　불교에 귀의한다고 고통이 근절 되겠는가? 아니다. 병의 증세에 맞추어 처방하지 않는 한 나을 수 없다. 조정으로 발령받아 돌아가지 않는 한 탄식은 계속된다.

강가로 좌천되어 나그네 신세 된 이후　　　一從澤畔爲遷客
두 차례나 강가에서 늦봄을 보냈노라.　　　兩度江頭送暮春
백발은 더 늘어 귀밑머리 새하얗고　　　　白髮更添今日鬢
푸른 사마 관복은 올해도 여전하네　　　　青衫不改去年身
강물은 흘러가면 다시 돌아올 수 없고　　　百川未有回流水
사람은 늙으면 다시 젊어질 수 없다.　　　　一老終無却少人
마흔여섯 춘삼월도 어느덧 지나가니　　　　四十六時三月盡

내 어찌 봄날을 은근하게 보내지 않으랴?　　　送春爭得不殷勤

〔「潯陽春三首. 春去」〕

"백발은 더 늘어 귀밑머리 새하얗고, 푸른 사마 관복은 올해도 여전하네"는 사마직에서 벗어나지 못한 채 세월만 허송하는 안타까움이 물씬 묻어나는 시구다. 이렇듯 벼슬살이와 은거생활을 동시에 지향하는 모순은, 벼슬살이를 통해서만이 정신적 물질적 욕구를 충족시킬 수 있는 한미한 사대부 출신이라는 점에서 그 원인을 찾을 수 있다. 그가 아무리 은일생활을 동경하며 의지를 표명한다 한들 부득이한 경우가 아니고서는 초가지붕과 전원으로 표상되는 은일생활은 실천에 옮길 수 없는 노릇이었다.

백거이가 강주사마에서 충주자사로 승진되었을 때, "충주가 좋은 곳인지 나쁜 곳인지 물을 필요 있을까? 조롱에 갇혔던 새 풀려나는데 수풀을 가리겠는가?〔"忠州好惡何須問, 鳥得辭籠不擇林." 〔「除忠州, 寄謝崔相公」〕〕"라고 흥분과 희열을 읊은 것을 보면, 또 "팽팽하던 얼굴은 예전만 못한데, 청사에 남길 공명 어디에 있는가? 젊은 시절 붙잡아 놓고 부귀를 기다리지만, 부귀는 오지 않고 젊은 날만 가버렸다〔朱顔日漸不如故, 靑史功名在何處. 欲留年少待富貴, 富貴不來年少去(「浩歌行」)〕" 등의 시구를 볼 것 같으면 여전히 세속의 출세를 열망하는 마음을 불식하지 못하였음을 알 수 있다. 하지만 공명의 꿈을 버리지 못하는 마음의 저변에는 한편 여전히 은일을 지향하는 미련이 마음속에 웅크리고 있는 것도 사실이었다.

❶

검은 꽃 눈 안에 가득 흰머리 머리에 가득	黑花滿眼絲滿頭
일찍 늙은 건 병 때문이요 병든 건 시름 탓.	早衰因病病因愁
벼슬살이 어려움 이제 다 알았으니	宦途氣味已諳盡
오십에 그만두지 않으면 언제 그만둘까?	五十不休何日休
	〔「自問」〕

❷

오로지 부끄러운 건 늙고 병들어 관복을 걸친 것	唯慚老病披朝服
더 이상 배고픔과 추위 때문에 봉급에 연연 말자.	莫慮飢寒計俸錢
있으면 있는 대로 없으면 없는 대로 은퇴하리니	隨有隨無且歸去
풍족함을 구하자면 끝이 없노라.	擬求豊足是何年
	〔「早朝思退居」〕

위의 시에서 더 이상 봉급에 연연하지 않고 미련없이 훌쩍 관직을 떠나겠다고 읊고 있는데, 이는 관직에 연연하던 모습과는 전혀 딴판이다. 이렇듯 백거이는 관리살이와 은일생활 사이에서 일관성이 결여된 모습을 노정하고 있다.

이러한 양상은 모순되어 보인다. 그런데 은일생활 갈망이 관리살이의 좌절에서 비롯된 것임을 감안한다면 이는 관직을 강렬하게 열망하는 욕망의 반증일 수 있다. 그랬기 때문일까? 백거이는 여러 차례에 걸쳐 은일의 뜻을 표명하였음에도 불구하고 70세의 고령으로 퇴직할 때까지 한번도 관직을 이탈한 적이 없었다.

120 세속의 욕망과 그 달관의 노래

제2부
욕망을 줄이고 빈 배처럼

122 세속의 욕망과 그 달관의 노래

---- ○ **1.**

현실과 이상의 절충
- 관리와 은자의 장점

　　당나라 왕실의 중흥을 꿈꾸었던 헌종, 그러나 그의 개혁은 불안하였고 지속적이지 못했다. 원화 후반기에 헌종의 치적은 전기에 비교하여 훨씬 떨어졌다. 그럼에도 자신의 치적에 자만하여 사치스럽고 방종해졌다. 특히 원화 13년(818)부터 궁내에 대형 토목공사를 일으키고 탐관 황보박皇甫鎛을 재상으로 등용하는 한편, 방사 유비柳泌를 신임하여 단약을 만들게 하는 등 실정은 누적되어 갔다.

　　헌종은 결국 환관에게 살해되었으며 이 사건을 계기로 세력이 막강해진 환관은 그 이후 황제들의 즉위에 깊숙이 관련하여 권력을 틀어쥐었다.

　　헌종의 뒤를 이은 목종穆宗은 환관들이 옹립하였다. 경종·문종의 즉위에도 역시 환관의 세력이 깊숙이 개입하였다. 목종 이후의 정치상황은 극도의 난맥상을 드러내었다. 당쟁의 심화로 인한 조정대신 사이의 알력, 정치적 혼란을 틈탄 번진藩鎭의

할거, 토지겸병의 확산, 이민족의 침입 등으로 구조적 모순이 날로 심화되어 갔다.

특히 당쟁은 조정의 기강을 뿌리째 흔들어 놓았다고 할 수 있다. 문벌세력과 신진사대부들의 당파싸움은 수단・방법을 가리지 않았으며 이익을 위해서는 환관과 결탁하는 정략도 서슴지 않았다.

여기서의 당쟁은 우이당쟁牛李黨爭을 지칭한다. 당파간의 싸움은 이미 앞에서 잠깐 언급한 바 있듯이 원화 3년에 실시한 제과시험이 그 불씨였다. 즉 과거시험 응시생이었던 우당牛黨의 우승유와 이종민 등이 당시의 정치를 지나치게 신랄하게 비판하여 재상이었던 이길보와 충돌하였던 것이다. 이길보李吉甫는 이당李黨의 영수인 이덕유李德裕의 아버지, 우당과 이당은 이 사건을 계기로 원한을 맺게 된다.

우이당쟁牛李黨爭은 장경 원년(821) 진사과 시험을 계기로 노골화하였다.

사건의 발단은 역시 과거시험의 합격자를 둘러싸고 일어났다. 이 때 과거시험을 주관한 시험위원장은 우보궐右補闕이었던 양여사楊汝士와 예부시랑禮部侍郞 전휘錢徽였다.

당시 서천절도사西川節度使였던 단문창段文昌과 한림학사 이신李紳은 전휘에게 사신私信을 보내어 인재를 추천하였다. 그러나 시험 발표결과 단문창과 이신이 추천한 사람들은 낙방하고 합격자 대부분이 공경대부의 자제들로서 정담鄭覃의 아우 정랑鄭朗, 배도裴度의 아들 배찬裴撰, 이종민李宗閔의 사위 소소蘇巢, 양여사의 아우 양은楊殷이었다. 단문창은 현직 고위 자제들이 무더기로 합격한 점으로 보아 부정의 혐의가 있다며 문제를 제기하였다.

목종은 당시 한림학사였던 이덕유·원진·이신 등에게 사실 여부를 물었고, 그들은 단문창의 주장에 동조하였다. 목종은 백거이와 왕기王起에게 재시험 실시를 명령하였다. 그 결과 앞서 합격하였던 진사들이 대부분 낙방하였다. 문책인사가 뒤따랐다. 시험위원장으로서 합격자와 친족관계였던 이종민과 양여사는 좌천되었다.

이 사건의 본질 역시 기득권을 빼앗기지 않으려는 구 관료계층과 이를 빼앗으려는 신진사대부 사이의 권력투쟁이었다. 이당의 이덕유 일파는 주로 관동의 명문세족 출신으로 음서로 정계에 진출하였다. 음서蔭敍란 과거시험을 거치지 않고 명문세족 자제를 특별기용하는 제도이다. 오늘날 부모가 인기연예인이면 그 후광을 입고 그 자식들이 수월하게 탤런트가 되는 것과 같이 '음서'와 비슷한 것일지도 모르겠다.

명문세족들은 과거시험으로 인재를 선발하는 데 큰 불만을 품었다. 진사급제자들은 행실이 엉망인데다가 겉만 그럴듯하지 실제로 실력은 별볼일 없다는 것이었다. 특히 이덕유는 과거시험 출신의 서족출신 관리들은 가문이 시원찮아 견문이 부족하여 관리가 된 뒤 일을 하나하나 배워야 하기 때문에 사무처리 능력과 효율성이 형편없이 떨어진다고 주장하였다. 따라서 조정의 중요한 직책은 어려서부터 조정의 대소사에 익숙한 공경의 자제에게 맡겨야한다는 것이었다.

이에 맞서 과거제도를 거쳐 관료가 된 이종민 일파는 과거제도를 옹호하고 서족출신이라는 신분과 조직을 활용하여 방대한 세력을 형성하여 지지기반을 구축하였다.

그 과거시험 파문에서 재시험을 주관했던 백거이는 주지하다시피 서족출신의 관료이다. 당연히 신분과 심정으로는 우당을 지지해야 하는 입장이다. 하지만 양쪽 모두 그와 친분이 깊은 사람들이 사건의 핵심인물들이어서 처세가 무척 곤란하였다.

평생지기로 자처하는 원진은 이덕유 라인에 서 있었기 때문이다. 일찍감치 변절하여 환관과 결탁해 승진을 거듭한 원진은 관직이 정5품인 중서사인·한림승지학사에 이르렀다. 원진은 당시 우당의 이종민과 관직문제로 사이가 틀어져 있었고 단문창·이신과는 평소 절친한 사이여서 단문창이 제기한 이의에 동조하여 이당의 손을 들어주었다.

한편 재시험관인 백거이는 우당과 깊은 인연을 맺고 있었다. 시험위원장인 양여사의 처남인 동시에 또 원화 3년에 발생했던 과거시험 파동 때 적극 이종민을 변호한 일이 인연이 되어 이종민과 친분이 깊었다. 반면 이덕유는 그 일로 해서 백거이에게 좋지 않은 감정을 가지고 있었다.

이렇듯 얽히고 설킨 복잡한 인간관계 속에서 백거이는 나름대로 중립을 지켜 사건을 처리했으나, 그 사건을 계기로 당쟁을 혐오하고 현실정치에 깊은 회의를 느끼게 된다. 이러한 정치환경에서 의식의 해결 내지 일말의 공명심을 채우기 위해 중앙정치 무대에 계속 머물게 되면 의식해결은 고사하고 목숨마저도 위협받지 않을 수 없을 것이라는 생각을 하게 된다.

일찍이 좌천생활의 쓰라린 맛을 경험한 적이 있는 백거이는 "깊은 산에 사는 건 너무나 쓸쓸하고 요직을 향해 달리는 건 너무나 위험하다〔深山太獲落 要路多險艱〕"는 사실을 깨닫는다. 이에 깊은 산 속도 요직도 아닌 곳을 택하여 지나치게 적막하지도 위험하지도 않게 사는 방법을 모색하게 된다. 사환과 은일을 동시 지향하는 모순을 극복히고 두 가지의 이점만 누릴 수 있는 '이은吏隱'의 길을 모색하기에 이른 것이다.

백거이는 충주자사를 사직하고 장안으로 돌아온 지 2년 만에 승진의 미련을 끊고 지방관인 항주자사를 자청한다. 백거이 나이 51세였다. 이러한 선택은 항주자사라는 직책이 "나아가도 요직으로 치닫지 않고, 물러나도 깊은 산 속으로 들어가지 않는다〔進不趨要路 退不入深山〕"는 조건을 충족시켜 사와 은의 모순을 중화해 줄 것이라고 기대했기 때문이다.

항주자사 재임기간 중 백거이는 정말로 '이은'의 즐거움을 만끽하기도 했다. 그 즐거움을 이렇게 노래불렀다.

❶

관리들 적지만 가을걷이 세금징수 마쳤고	吏稀秋稅畢
손님들 흩어지니 텅 빈 정자에 황혼이 깃든다.	客散晚亭空
하늘 개이니 정자에 달빛 비치고	霽後當樓月
조수 밀려와 바람 가득 일어난다.	潮來滿座風
삽계*는 유난히 인적 드물고	霅溪殊冷僻
무원**은 지나치게 시끄러우니	茂苑太繁雄
오직 여기 전당군 태수직만이	唯此錢塘郡
한가하지도 바쁘지도 않게 안성맞춤이다.	閑忙恰得中

〔「初到郡齋寄錢湖州李蘇州(聊取二郡一哂故有落句之戲)」〕
*삽계는 물 이름으로 절강성 호주시湖州市에 있다.
**무원은 강소성 오현吳縣 서남쪽에 있는 임원林園이다.

❷

새벽에 일어나 업무를 보고	平旦起視事
한낮이면 문닫고 자리에 눕는다.	亭午臥掩關
공무를 집행하는 일 외에	除親簿領外
거의 거문고와 책 앞에 있다.	多在琴書前
관사에는 허백정虛白亭도 있어	況有虛白亭
앉아서 멀리 바다까지 바라볼 수 있다.	坐見海門山
조수 밀려오면 난간에 기대어 바라보고	潮來一凭檻

손님 찾아오면 술자리 마련한다.	賓至一開筵
아침 내내 구름과 강물 바라보고	終朝對雲水
이따금 음악연주 듣기도 한다.	有時聽管弦
이렇듯 편안하게 세월을 보내니	持此聊過日
바쁘지도 한가롭지도 아니하구나.	非忙亦非閑
숲속은 너무나 쓸쓸하고	山林太寂寞
대궐은 공연히 시끄럽기만 하지	朝闕空喧煩
오로지 항주자사 관사에서만	唯玆郡閣內
시끄러움과 조용함의 중간을 얻는다.	囂靜得中間

〔「郡亭」〕

바쁘지 않은 항주자사라는 직책, 그리고 항주의 아름다운 조수, 맑은 달, 시원한 바람과 여유롭고 고아한 정취를 느끼게 해주는 음악, 그리고 술자리, 그러한 생활여건과 자연환경에서 시끄럽지도 적막하지도 않은 '이은'생활의 즐거움을 만끽하였음을 알 수 있다.

그런데 항주자사 직은 이렇듯 안락한 생활과 한가한 정취를 누릴 수 있게 해주었지만 그 곳은 어디까지나 장안에서 멀리 떨어진 지방이라는 점에서 끝내 좌천의 느낌을 떨쳐버리지는 못했다.

백거이의 불편한 심기는 다시 고개를 쳐든다.

❶

머리 허옇게 센 항주의 백태수	白首餘杭白太守
영락한 신세 된 지 이미 오래	落魄拋名來已久
위수 북쪽 옛 동산과 작별한 이후	一辭渭北故園春
다시 강남에서 새해맞이 술잔을 드노라	再把江南新歲酒
술잔 앞에서 억지로 웃고 노래하지만	杯前笑歌徒勉强
거울 속 내 모습 날로 늙어가는구나.	鏡里形容漸衰朽
노쇠한 몸으로 군을 다스리는 게 부끄럽지만	領郡慚當潦倒年
평생친구 이웃 고을로 부임하니 기쁘구나.	鄰州喜得平生友

〔「蘇州李中丞以元日郡齋感怀詩寄微之及予輒依…兼呈微之」〕

❷

장년의 나이 홀연히 가버렸는데	壯歲忽已去

덧없는 부귀영화 논하여 무엇하리	浮榮何足論
이 한 몸은 많은 식구 거느린 가장	身爲百口長
관직은 한 주의 지존이라네.	官是一州尊
어느새 귀밑머리 허옇게 변했는데	不覺白雙鬢
고관대작 말하는 건 부질없으리	徒言朱兩轓
병 때문에 군정郡政 베풀기 힘들고	病難施郡政
늙도록 성은에 보답하지 못했다.	老未答君恩
늘그막에 형제와 이별을 했고	歲暮別兄弟
노쇠한 몸 아직 자손 하나 없구나.	年衰無子孫
고통스런 세상살이 시름겨워	惹愁諳世網
괴로움 잊으려고 부처님께 의지한다.	治苦賴空門
허리띠 쥐어보니 수척해진 것 알겠고	攬帶知腰瘦
등불 쳐다보니 눈이 침침해진 것 알겠다.	看燈覺眼昏
먹고 사는 일에 매어만 있지 않다면	不緣衣食繫
당장 전원으로 돌아가고 싶구나.	尋合返丘園
	〔「晩歲」〕

"영락한 신세 된 지 이미 오래" "노쇠한 몸으로 군을 다스리는 게 부끄럽다." 백거이가 고통과 슬픔을 느끼게 되는 모티프다. 현실의 고통과 슬픔을 잊고자 불교의 힘을 빌려보지만 허옇게 세는 머리카락과 수척해져 가는 허리로 상징되는 늙음을 막기란 어려운 것이다. "먹고 사는 일에 매어만 있지 않다면, 당장 전원으로 돌아가고 싶구나"는 벼슬살이로부터 야기되는 제약과 번거로움에서 자유로워지고자 전원으로 돌아가고 싶다는

말이기는 하지만 결국 먹고사는 문제를 해결하기 위해 어쩔 수 없이 관직에서 떠날 수 없다는 고백인 것이다.

백거이는 항주자사의 직책에서 사仕와 은隱 사이의 모순을 극복하는 길을 모색하였지만, 이러한 노력은 그가 어디까지나 관직의 부침에 따라 희비가 엇갈리는 현실지향적인 유가의 인물이었다는 점에서 실패는 이미 예견되었던 것이다.

항주자사와 소주자사의 임기를 마치고 장안으로 돌아온 백거이는 비서감과 형부시랑을 역임하였다. 재임기간 중 장안의 정치문란과 난맥상을 목도한 데다 비서감이 되도록 이끌어 주었던 친구 위처후韋處厚의 갑작스런 죽음으로 큰 충격을 받게 된다.

위처후의 죽음과 불투명한 정치전망은 다시금 백거이로 하여금 신중하게 은퇴를 고려하게 만든다.

앞날의 화복은 어리석어 예측할 수 없고	人間禍福愚難料
세상풍파는 늙어서 막을 수도 없다.	世上風波老不禁
만일 잘못되어 전과 같은 신세 된다면	萬一差池似前事
사직하지 않은 것을 분명 후회하리라.	又應追悔不抽簪

〔「戊申歲暮詠懷三首」〕

정쟁의 풍파를 모면하기 위해서는 '추잠抽簪', 즉 관직에서 물러나야 마땅하지만 관리생활을 그만두자니 생계가 우려되고 관직에 머물자니 앞날의 화복을 예측하기 어렵다는 탄식이다. 진

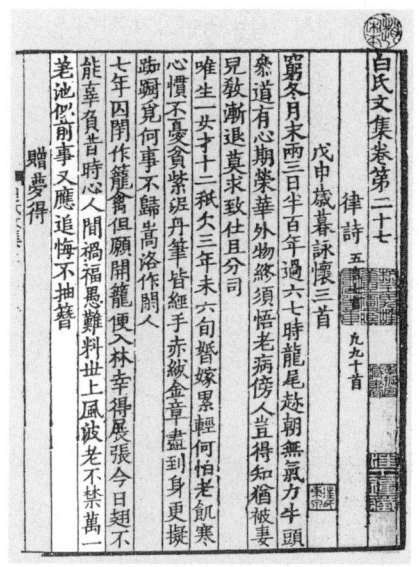

퇴양난이 아닐 수 없었다. 갈등을 겪던 백거이는 다시 '이은'을 추구하기에 이른다. 장안을 떠날 수 있는 관직에 임명되어 정쟁과 암투의 도시 장안을 떠나기로 한 것이다.

백거이는 58세 되던 해에 형부시랑을 면직하고 태자빈객이 되어 분사동도分司東都*에 부임하였다. 당시 그는 "반신장이가 된 늙은 말" "화살을 피해 높이 날아간 기러기"라는 비유로 자신의 모습을 형상화하였다. 정치권에서 겪은 고통의 깊이와 염증의 농도가 물씬 풍긴다.

* 분사동도에서 동도는 낙양을 의미하고 분사는 중앙관리가 낙양에 파견되어 업무를 분담하는 것을 말한다. 업무도 과다하지 않으면서 월급은 많았다고 한다.

낙양으로 부임하면서 그는 위험하기 짝이 없는 장안의 정쟁에서 빠져나온 소감을 이렇게 읊었다.

당장 의식걱정 할 필요 없고 　　　　　　　　眼下有衣食
귓전에 시빗거리 들리지 않네. 　　　　　　　耳邊無是非
가난하든 부자든 상관이 없어 　　　　　　　不論貧與富
물만 마셔도 분명 살이 찔 터. 　　　　　　　飮水亦應肥
　　　　　　　　　　　　　　　　　　　　　〔「歸履道宅」〕

물만 마셔도 살찔 것 같다는 걸 보면 장안의 험악한 정치환경 속에서 얼마나 전전긍긍하며 스트레스를 받았는지 알 수 있다. 백거이는 이후 70세로 정년퇴임하기까지 거의 분사동도에 머무르면서 '이은吏隱'의 묘미를 만끽하였다. 그리고 자신의 이러한 생활을 '중은中隱'이라 명명하였다.

대은은 조정에서 사는 것 　　　　　　　　　大隱住朝市
소은은 동산으로 들어가는 것 　　　　　　　小隱入丘樊
동산은 너무나 쓸쓸하고 　　　　　　　　　　丘樊太冷落
조정은 너무나 시끄러우니 　　　　　　　　　朝市太囂喧
중은의 길을 택하여 　　　　　　　　　　　　不如作中隱
관직에 있으면서 숨느니만 못하여라. 　　　　隱在留司官
은퇴한 듯 아니한 듯 　　　　　　　　　　　　似出復似處
바쁘지도 한가하지도 않다. 　　　　　　　　　非忙亦非閑
심신을 수고롭게 하지도 않고 　　　　　　　　不勞心與力

배고픔과 추위도 면할 수 있다.	又免飢與寒
일 년 내내 하는 일도 없는데	終歲無公事
다달이 때맞추어 봉급은 나온다.	隨月有俸錢
그대 만약 등산을 좋아한다면	君若好登臨
성 남쪽에 가을 산 있고	城南有秋山
그대 만약 놀러가기 좋아한다면	君若愛游蕩
성 동쪽에 봄 동산 있소.	城東有春園
그대 만약 거나하게 취하고 싶으면	君若欲一醉
때때로 파티에 참석하게나	時出赴賓筵
낙양엔 군자도 많이 있으니	洛中多君子
마음껏 환담을 즐길 수 있으리.	可以恣歡言
그대 만약 자유롭게 눕고 싶다면	君若欲高臥
스스로 굳게 문 닫으면 그 뿐.	但自深掩關
수레타고 찾아오는 방문객이	亦無車馬客
갑작스레 들이닥치는 일도 없다오.	造次到門前
우리가 이 세상을 살아가면서	人生處一世
마음대로 모두 다 이룰 수는 없는 법.	其道難兩全
천하면 배고프고 추울까 걱정되고	賤卽苦凍餒
귀하면 근심걱정 많을까 두렵네	貴則多憂患
오로지 중은의 삶을 선택한 선비만이	唯此中隱士
일신이 걱정없고 평안하리니	致身吉且安
빈궁과 영달 풍요와 빈곤	窮通與豊約
이 네 가지 사이에 중은이 있소.	正在四者間

〔「中隱」〕

이 시에서 백거이는 이른바 대은·중은·소은이라는 3개 유형의 은을 제기하고 있다. 대은이란 조정에서 정치활동을 영위하는 것을 일컫고, 소은은 관직에서 물러나 산수자연에 파묻혀 사는 생활을 지칭한다.

백거이는 대은과 소은을 따르지 않으려는 입장을 견지하였다. 시에서 잘 밝혀져 있듯, 대은은 비록 부귀는 누릴 수는 있으나 신경을 많이 써야 하며 심신이 모두 고달프다는 것이 그 이유다. 반면 소은은 산수에 묻혀 자유로운 생활을 누리는 이점은 있으나 일정한 월급이 없어 먹고사는 게 문제라는 것이다. 그러니까 대은을 택하자니 심신이 위태롭고 소은을 택하자니 밥줄이 위태롭다는 것이다.

그래서 백거이는 대은과 소은의 장점만 취한 중은에 안주하기로 한다. 날로 악화되어 가는 정쟁의 회오리 속에서 가늘지만 길고 편안한 삶을 살 수 있는 길이 바로 중은인 것이다. 백거이가 제시한 중은생활의 특징은 아래와 같은 조건들을 구비해야 한다.

첫째로 중은생활의 장소는 반드시 낙양이어야 한다. 백거이는 일찍이 항주자사로 재임할 당시 이은吏隱생활의 묘미를 맛본 적이 있었다. 그러나 지상의 낙원이라 불리는 항주를 중은생활의 장소로 선택하지는 않았다. 항주는 비록 산수가 아름답긴 하지만 장안에서 너무 멀리 떨어져 있으므로 느낌상 좌천당했다는 생각을 떨쳐버릴 수 없는 데서 기인한다. 반면에 낙양은 그렇지 않다. 장안에서 가깝거니와 어느 정도 문화생활을 영위할 수 있는 인적·물적 자원을 갖추고 있기에 중은생활을 하기에는 더 없이 좋은 장소였다.

둘째로 직책은 반드시 분사分司와 같은 한직이어야 할 것. 분사는 행정업무도 거의 없을 뿐더러 문책받거나 얽매일 일이 없다는 데서 연유한다.

셋째는 매달 일정한 급여를 꼬박꼬박 수령할 수 있을 것. 먹고사는 걱정으로부터 자유로워야 하기 때문이다.

넷째는 산수를 유람하며 음풍농월하거나 파티를 열어 술 마시며 즐길 수 있어야 할 것. 이러한 여유가 있어야 은자의 유유자적을 누릴 수 있기 때문이다.

백거이의 중은생활은 그 명칭에서 볼 수 있듯이 중용사상의 영향을 받았다고 하겠다. 중용학설은 선진유가의 모순관矛盾觀과 방법론이며 이론상 핵심은 "두 극단의 가운데를 택하거나〔執兩用中〕" "지나치지도 모자라지도 않는다〔無過無不及〕"는 데 있다.

이는 그의 작품에서도 그 일단을 드러내는데,「중화절송中和節頌」·「대교약졸부大巧若拙賦」·「동정교상양부動靜交相養賦」등이 바로 그것이다.

그러나 백거이의 이은과 중은은 양 극단의 내적 통합과 치열한 중정中正이 모자란 단순한 중간에 가깝다. 그가 정치적 좌절을 경험한 뒤 중용학설을 그 생활철학의 표준으로 삼았지만, 객관 사물의 모순과 발전을 어떻게 인식하고 처리해야 하는지 관련 고민과 실천을 수행하지 않고 '두 극단의 가운데를 택하여' 모순을 회피하고 원만하게 살아남을 수 있는 세속화된 방편으로 받아들였던 것이다. 그러니까 백거이의 중은생활은 겸제천하의 이상이 깨지고 난 뒤, 쓸쓸한 소은생활과 시끄러운 대은생활에서 야기되는 모순을 회피하고 원만하게 세상에 살아남기 위한 안이한 생활대책이었다.

그런데 백거이가 예상했던 대은생활의 재난은 정말로 현실화되었다. 태화 9년 신진사대부와 환관과 결탁한 권문세족 사이의 정치적 알력이 표면화된 '감로甘露의 변'이 발생하였던 것이다. 당시 재상이었던 이훈·왕애 등은 정치의 주도권을 탈환하기 위해 환관들을 주살하기로 하였다.

금오청사 안에 병사를 매복시킨 뒤 청사 뒤에 있는 석류나무에 태평성세의 상징인 감로가 맺혔다고 거짓말을 하여 환관들을 유인, 일시에 몰살하려 한 것이다. 그러나 환관 구사량仇士良이 이를 눈치채고 그들을 대역 죄인으로 몰아 사형에 처하였다.

이 사건이 발생했을 당시 백거이는 중은생활을 영위하고 있었으므로 재난을 면할 수 있었다. 이에 자신이 선택한 중은생활에 무한한 위안을 느끼며 그 감회를 이렇게 나타냈다.

진나라는 날카로운 칼 갈아 이사를 참수했고   秦磨利刀斬李斯
제나라는 기름솥에 역이기를 삶아죽였네   齊燒沸鼎烹酈其
사랑스러워라 하황공 기리계여! 상산과 낙수에 들어가

한가로이 흰구름 아래 누워 '자지곡'을 읊조렸네 　　　　可憐黃綺入商洛
　　　　　　　　　　　　　　　　　　　　　　　閑臥白雲歌紫芝
이사와 역이기는 절여져 형장의 이슬로 사라졌고　彼爲葅醢机上盡
하황공과 기리계는 난새되어 하늘 높이 날았다네　此爲鸞皇天外飛
사직히고 떠난 자 한가롭고 관직으로 들어간 자 죽임을 당했으니
　　　　　　　　　　　　　　　　　　　　　　　去者逍遙來者死
이제야 알았다네, 화와 복은 하늘이 주관하지 않는다는 것을.
　　　　　　　　　　　　　　　　　　　　　　　乃知禍福非天爲
　　　　　　　　　　　　　　　　　　　　　　〔『詠史(九年十一月作)』〕

화와 복은 아득하여 기약할 수 없으니　　　　　　禍福茫茫不可期
일찍 물러남은 선견지명 있는 것.　　　　　　　　大都早退似先知

그대들 흰머리로 조정으로 돌아가던 날　　　　　　當君白首同歸日
나 홀로 청산으로 돌아왔었지.　　　　　　　　　　是我青山獨往時
거문고 타려 하나 탈 여유 없고　　　　　　　　　　顧索素琴應不暇
누렁이 끌고 사냥 나가려 하나 때는 이미 늦으리.　　憶牽黃犬定難追
기린은 포가 되고 용은 젓갈 되었으니　　　　　　　麒麟作脯龍爲醢
어찌 진흙탕 유유히 기어다니는 거북이만 하랴!　　 何似泥中曳尾龜
〔「九年十一月二十一日感事而作(其日獨游香山寺)」〕

이사와 역이기는 정치일선에서 권력을 추구하다 비참하게 죽은 사람들이다. 하황공과 기리계는 고관대작을 초개처럼 여기고 상산商山에 은둔한 인물이다. 극한대조를 이루는 두 인물의 전형을 예로 들어 자신의 지혜로운 선택과 선견지명에 위안을 느끼고 있음을 알 수 있다. 중은생활의 즐거움이 시집 곳곳에 나타나 있다.

한가로운 몸 부를 누리니 하늘이 내린 직책이고　身閑當貴眞天爵
요직에 있지 않아 걱정거리 없으니 땅에 사는 신선이네.

　　　　　　　　　　　　　　　　　　　　　　　官散無憂卽地仙
숲 아래 물가 생활 질리지 않는구나　　　　　　　林下水邊無厭日
늙어도 괜찮으니 어찌 세월 한탄하겠는가?　　　　便堪終老豈論年
　　　　　　　　　　　　　　　　　　　　　　　〔「池上卽事」〕

늙었으니 관직은 한직이 마땅한 것　　　　　　　　老宜官冷靜
봉급은 가난한 살림 꾸리기에 넉넉하다네.　　　　　貧賴俸優饒

무더운 여름 날 쌓인 공문서 없고　　　　　　　　熱月無堆案
추운 겨울 날 조정에 나가지도 않는다네.　　　　寒天不趁朝
옆에서 보기엔 쓸쓸할지 모르지만　　　　　　　傍看應寂寞
나는 오히려 자유로움 만끽한다네.　　　　　　　自覺甚逍遙
가득한 술잔 마주 대하나　　　　　　　　　　　徒對盈尊酒
이제는 녹여버릴 수심조차 없구나.　　　　　　　兼無愁可銷
　　　　　　　　　　　　　　　　　　　　　　〔「自題」〕

나아가 바쁜 관리되기엔 이미 너무 늙었고　　　去作忙官應太老
물러나 한가한 늙은이 되기엔 아직 늦지 않았네.　退爲閑叟未全遲
고요함 속에서 얻은 이 맛 말할 필요 없으리　　靜中得味何須道
안락한 곳에서 편히 쉬니 무얼 더 망설이랴.　　穩處安身更莫疑
하황공과 기리계가 다시 살아난다 해도　　　　若使至今黃綺在
나의 말 들으면 분사직을 원하리라.　　　　　　聞吾此語亦分司
　　　　　　　　　　　　　　　　　　　　　〔「對鏡」〕

봉급 칠팔만 냥　　　　　　　　　　　　　　俸錢七八萬
다달이 빠짐없이 나온다네.　　　　　　　　　給受無虛月
동도분사에 발령받았으니　　　　　　　　　　分命在東司
임금님 알현하는 수고로움도 없네.　　　　　　又不勞朝謁
한가로움 밑천삼아 병 요양하고　　　　　　　既資閑養疾
게으름에 의지하여 나서지 않는다네.　　　　　亦賴慵藏拙
빈객과 친구들이여 한가로움 얻었으니　　　　賓友得從容
거문고 타고 술 마시며 맘껏 즐겨보세.　　　　琴觴恣怡悅
　　　　　　　　　　　　　　　　　　　　〔「再授賓客分司」〕

나는 무엇을 즐거워하는가? 而我何所樂
즐거운 건 분사에 있는 것. 所樂在分司
분사가 어찌 즐거운가? 分司有何樂
즐거움은 사람들이 모르는 데 있다. 樂哉人不知
좋은 자리에 월급도 있고 官優有祿料
직책이 한산하니 구속하는 것도 없다. 職散無覊縻
게으르니 도와 가까워지고 懶與道相近
우둔하니 한가로움 절로 따라오는구나. 鈍將閑自隨
〔「詠所樂」〕

나 지금 다행히 두 가지를 이루니 我今幸雙遂
월급도 타면서 편히 놀 수 있구나. 祿仕兼游息
세상의 부귀영화 부러워한 적 없고 未嘗羨榮華
노심초사 신경 쓴 적 일찍이 없네. 不省勞心力
우리 집 처자식과 하인들까지도 妻孥與婢僕
모두들 의식걱정 면했다네. 亦免愁衣食
그래서 우리 집 온 가족은 所以吾一家
얼굴엔 근심 없고 희색이 만면하다네. 面無憂喜色
〔「詠怀」〕

그대 보지 못했는가, 남산 아득하니 가득한 흰구름!
君不見南山悠悠多白雲
또 보지 못했는가, 드넓은 장안은 속세의 먼지 가득한 것을!
又不見西京浩浩唯紅塵
속세는 시끄럽고 흰구름은 쓸쓸하니 紅塵閙熱白雲冷

쓸쓸함과 시끄러움의 중간에 사는 것이 좋다는 것을! 好於冷熱中間安置身
3년 동안 요행히 낙양의 우두머리 되었고 三年僥幸忝洛尹
두 차례나 안전한 직책 태자빈객 되었다네. 兩任優穩爲商賓
현명하지도 어리석지도 똑똑하지도 않으며 非賢非愚非智慧
귀하지도 부유하지도 가난하지도 않네. 不貴不富不賤貧

〔「雪中晏起偶咏所怀兼呈張常侍、韋庶子、皇甫郎中」〕

가난하면 의식을 구하느라 급급하고 貧窮汲汲求衣食
부귀해지면 마음 고생하느라 겨를이 없네. 富貴營營役心力
인생은 부귀하지 않으면 빈궁한 법 人生不富卽貧窮
세월은 쏜살같고 한가하기 힘들다네. 光陰易過閑難得
나는 다행히 부귀와 가난 사이에 있으니 我今幸在窮富間
조정에 있어 산 속으로 들어가지 못해도 雖在朝廷不入山
눈 감상에 꽃구경에 음풍농월 즐기며 看雪尋花玩風月
낙양성에서 일곱 해를 한가롭게 보냈다네. 洛陽城裏七年閑

〔「閑吟」〕

중은생활이 왜 즐거운지 거듭거듭 밝히고 있다. 너무 솔직해서 오히려 얄미울 정도이며 자족이 지나쳐 오히려 반감을 불러 일으키기도 한다. "게으르니 도와 가까워지고 우둔하니 한가로움 절로 따라오는구나"에서는 중은의 지향과 철학이 다시 확인되면서, 그 생활양상이 무척 고아하고 풍류적인 것으로 보인다.

하지만 중은생활이 대은생활과 소은생활의 모순을 회피하

고 현실에서 원만하게 살아남기 위한 생존방식임을 감안한다면, 작중 생활양상은 이기적이요 회색적이라는 비난을 받을 법도하다. 크게 먹으려고 계속 고를 하느니 작게 먹어도 안전하게 스톱을 하겠다는 심산이라는 비난도 쉽게 야기될 것이다.

의식주의 보장, 유유자적한 삶, 자유로운 생활로 표상되는 중은생활은 어디까지나 정치적 좌절과 우환의식으로부터 파생된 부득이한 선택이었다는 점에서, 또 사와 은의 모순을 회피하고 세상에 살아남기 위한 생활방식이었다는 점에서 일견 고아하고 풍류적인 듯한 그의 중은생활은 다시 한번 이기적이요 기생적인 생활방식이라는 인상을 배제할 수 없다. 그리고 이 생활방식에는 서족출신 사대부로서의 원천적인 고뇌와 비애의 그림자가 짙게 드리워져 있다고 할 수 있겠다.

하지만 우리는 백거이의 중은을 자못 경시할 수 없다. 중은이 비록 중용의 높은 이상에 투철하지 못했지만 이 역시 광채나는 지혜이기 때문이다. 사리와 분수를 헤아리지 않고 수단과 방법을 가리지 않고 권력과 명예를 좇다가 혹은 가담하였다가 자신과 남을 나아가 세상을 어지럽히고 파멸시키고야 마는 불행이 역사에 무수하게 있지 않은가.

욕망의 추구가 비록 우매하다 하더라도 인간이 그것을 자제하기란 쉽지 않다. 다시 말해 백거이의 중은이 불의와의 대결을 회피하고 정쟁의 와중에서 보신하려는 처세술이기도 하였지만 그가 권력과 정쟁의 본질을 꿰뚫고 자신의 분수를 헤아리고 있었던 점을 간과할 수 없다. 중은을 그저 일신의 안일만을 추구한 무책임한 타협으로 볼 수 없는 이유가 바로 여기에 있다.

세속에 매여 있으면서도 세속을 달관한 중은의 위상을 거듭 주목해볼 필요가 있다.

―― ○ 2.

정원을 자연 삼아
학을 벗 삼아

58세 때 중은생활을 선포한 이후, 백거이는 퇴직할 때까지 12년간의 공직생활을 중은으로 일관하였다. 백거이의 본격적인 중은생활의 양상은 어떠하였나? 여기에서 특별히 주목하여야 할 것은 장원의 마련이다. 장원은 농지를 기반으로 하며 산수자연이 축소된 정원을 가진 저택을 포함한다. 장원과의 연관에서 중은이 백거이만의 독자적인 생활철학이나 방식이 아니라 전통 및 당대 사회구조에 기인한 한 조류였으며 그 산물이라는 사실을 알게 된다.

먼저 정원이 딸린 저택이 왜 중은생활에 필수인지 좀더 알아보자. "깊은 산에 사는 건 너무나 쓸쓸하고 요직을 향해 달리는 건 너무나 위험하다(深山太獲落 要路多險艱)", 이렇기에 권력과 요직의 중심은 아니지만 그것과 무관하지 않은 낙양이야말로 중은의 적격지라 할 수 있다. 적막하지도 번거롭지도 않기 때문이다.

하지만 나아가 반드시 추가되어야 할 것이 하나 있었다. 바로 산수자연을 축소한 정원을 가진 저택이 구체적인 장소여야 한다는 것이다. 그러한 저택이 없다면 은일의 완상이 가능하지 않으며 따라서 중은의 삶을 영위할 수 없기 때문이다. 다시 말해 낙양 이도리履道里는 깊은 산속도 아니요 그렇다고 마음과 몸이 고달픈 중앙 부서가 있는 장안의 시가市街도 아니다.

항주자사 임기만료 뒤 태자좌서자太子左庶子에 임명되어 낙양에서 근무할 때 구입하였던 이도리의 저택은 옛날 산기상시를 지냈던 양빙楊憑의 집으로 맑은 연못과 대나무로 둘러싸인 그럴듯한 정원이 있는 저택이었다. 그것의 매입은 중은철학의 산물이었으며 전통과 시대의 취향과 연결되어 있었다고 봐야할 것이다.

성당시대는 정쟁과 내면의 여러 사회적 갈등에도 불구하고 현상의 안정이 그런대로 유지되면서 생산력이 꾸준히 성장한 시기였다. 물질이 풍부해지면서 생산관계에도 변화가 발생하였고 그 변화는 주로 균전제의 와해와 장원의 보편화로 나타났다.

여기서 장원의 확대가 거듭 주목된다. 장원이란 지주들의 토지점유 형태와 경영방식을 지칭하는데, 당대의 장원은 기본적으로 자급자족의 경제단위였다.

장원은 장莊·장서莊墅·장전莊田·별서別墅·별업別業 등으로 불렸으며 그 규모도 일정하지 않았다. 큰 것은 수십만 평이나 되었고 작은 것은 집과 몇백 평의 전지만 있는 것도 있었다. 그리고 장원에는 크든 작든 산수를 모방해서 만든 널찍한 정원이 딸린 게 특색이었다. 당대에 장원이 보편화된 양상을 전당시에 수록된 문인들의 작품 제목만 보아도 알 수 있다. 도한陶翰의 「중춘군공유전사직성동별업서仲春群公遊田司直城東別業序」, 왕유王維의 「종남별업終南別業」, 고적高適의 「기상별업淇上別業」, 이기李頎의 「부조귀동천별업不調歸東川別業」, 주우周瑀의 「반사마별업潘司馬別業」, 이단李端의 「제산중별업題山中別業」, 한유韓愈의 「제위씨장題韋氏莊」 등 시문의 제목만 보아도 당시에는 고관대작뿐 아니라 말단관료에 이르기까지 장원경영이 유행했음을 알 수 있다.

당대 지식인들이 희구하던 장원의 모습과 그 경영으로 추구하고자 했던 것은 무엇인가? 다음에서 예시한 이화李華의 「하수원외약원소산지기賀邃員外藥園小山池記」 일부에 잘 반영되어 있다.

명산대천을 좋아하는 것은 몸을 편안히 하고 덕을 숭상하기 위함이다. 그런데 홀로 나다니는 선비는 천 리를 가는 수고로움을 마다하지 않고, 권세가 막강한 사람은 구경을 위해 백만금을 써버리는데 군자는 그런 짓은 하지 않는다. 하수공은 벼슬아치이지만 기러기와 고니처럼 고원한 마음을 지니고 있다. 법령을 집행하고 공문서를 작성하면서도 세속에 찌들지 아니하고 오매불망 청산과 백운을 그리워하였다. 정원에는 숫돌로 돌을 갈고 닦고 옥으로 주춧돌을 세워 형산과 무산과 같은 산을 본떠 만들어 놓았고, 마루 아래에는 삼태기와 가래로 땅을 파고 제방을 쌓아 강과 호수처럼 만들었다. 대나무를 심고 약초를 가꾸어 성정을 바르게 하는 데 도움이 되도록 하였다.

悅名山大川, 欲以安身崇德, 而獨往之士勤勞千里, 豪家之制, 殫竭百金, 君子不爲也. 賀遂公衣冠之鴻鵠, 執憲起草, 不塵其心, 夢寐以靑谿白雲 爲念. 庭除有砥礪之材, 礎礩之璞, 立而象之衡巫, 堂下有畚鍤之坳, 圩 塤之凹, 隨而象之江湖. 種竹蓺藥, 以佐正性.

〔「賀遂員外藥園小山池記」〕

장원을 마련하면 산수를 유람하려고 명산대천을 찾아가느라 고생할 필요도 재력을 낭비할 필요도 없다. 명산대천을 본떠 만든 정원에서 성정을 도야할 수 있었기 때문이다. 조영祖詠의 「청명연사훈유랑중별업淸明宴司勛劉郞中別業」은 그러한 장원에서 향유할 수 있는 도락을 잘 노래하고 있다.

농부이자 임금의 측근	田家復近臣
어버이 멀리 떠나지 않아 즐거워라	行樂不違親
맑게 갠 날씨 정원은 좋을 씨고	霽日園林好
청명의 연기는 새롭기만 하여라.	淸明煙火新
글로써 늘 친구들 불러 모으니	以文常會友
오로지 마음 맞는 사람끼리 이웃을 이루었다.	唯德自成鄰
연못에 창 그림자 드리운 황혼,	池照窓陰晚
잔속의 약초 향기 봄맛을 자아낸다.	盃香藥味春
처마 앞은 꽃으로 뒤덮였고,	簷前花覆地
대나무 숲 저 너머에 새가 사람을 엿본다.	竹外鳥窺人
어찌 저 아득한 도화원으로 가서	何必桃源裏
산속에 파묻힌 은자가 되려하는가?	深居作隱淪

농부이면서도 신하의 신분인 조영, 그는 산수를 즐기는 전원생활을 하면서도 관리로서의 영예도 누리고, 부모 곁을 멀리 떠나지 않을 수도 있어 효자 노릇도 할 수 있으니 그야말로 일석삼조이다. 굳이 깊은 두메산골로 들어가서 은둔할 필요가 있겠는가? 이렇듯 관리와 은자의 신분을 겸비한 생활이야말로 바로 당대 사대부들이 추구하였던 이상적인 생활이었던 것이다.

당시의 사회풍조의 영향을 받아 낙양 이도리에 17무의 땅과 더불어 장원을 경영하게 된 백거이는 「낙양에 집을 마련하다」에서 이도리에 장원을 마련하기 전후의 사정을 간략하게 읊었다.

삼 년 동안 항주자사 마치고 돌아오니	三年典郡歸
얻은 것은 황금과 비단이 아니라	所得非金帛
천축봉에서 얻은 수석 두 개와	天竺石兩片
화정에서 얻은 학 한 마리.	華亭鶴一支
먹이는 벼와 조를 주고,	飮啄供稻粱
자리는 골풀을 깔아주었네.	包裹用茵席
정말 수고롭다는 거 알지만	誠知是勞費
사랑하고 아끼니 어찌하랴?	其奈心愛惜
멀리 항주성으로부터	遠從餘杭郭
동도 낙양까지 함께 왔다네	同到洛陽陌
짐을 내려서 산석을 닦아주고	下擔拂雲根
새장 열고 서리처럼 흰 날개 펼쳐주네.	開籠展霜翮
꼿꼿한 그 모습 속물과 섞이게 할 수 없고	貞姿不可雜

고고한 그 품성에 맞게 해주어야 하리.	高性宜其適
마침내 티끌없는 마을 택해서	遂就無塵坊
연못 있는 집을 구하였다네.	仍求有水宅
동남쪽에 그윽한 경치 얻으니	東南得幽境
고목은 울창하고 차가운 샘물 푸르네.	樹老寒泉碧
연못가엔 울창한 대나무 그늘 드리우고	池畔多竹陰
문 앞엔 오가는 사람 드무네.	門前少人跡
아직 중서의 봉록이 나오지 않아	未請中庶祿
수레 끌던 말 두 마리 팔아서 샀다네.	且脫雙驂易
어찌 나 한 몸 위해서 일까?	豈獨爲身謀
학과 돌을 편안하게 해주기 위해서지.	安吾鶴與石

백거이는 항주자사 시절에 이은을 심화하여 중은으로 발전시켰고 낙양 이도리 이주를 구상하면서 중은에 어울리는 수석과 학을 마련한 것으로 추정된다. 이도리에 저택을 마련한 것을 수석과 학에 미루고 있으니 말이다. 수석과 학에 어울리는 연못, 울창한 고목, 샘, 대나무 숲 등은 중은의 최소이자 필수 환경이며, 수석과 학은 백거이 자신으로 동일시되고 있다.

다음 작품도 이도리 저택과 그 생활을 다룬 「새집으로 이사 갔네」이다.

새집으로 이사 갔네.	移家入新宅
자사임기 마치고 돈이 조금 생겨서	罷郡有餘貲

건조함과 축축함을 피할 수 있고,	旣可避燥濕
추위와 배고픔도 면할 수 있네.	復免憂寒飢
병은 나았지만 휴가 아니 끝났고	疾平未還假
한가로운 관직 분사를 얻었네.	官閑得分司
다행히 봉록도 나오고	幸有俸祿在
격무에 시달리지도 않는다네.	而無職役羈
이른 아침 일어나 세수 마치면	淸旦盥漱畢
들창 열고 주렴 발 걷어올리네.	開軒卷簾幃
온 집안식구 그리고 개와 닭들도	家人及鷄犬
모두 덩달아 즐겁다네.	隨我亦熙熙
흥에 취하려면 술이 제일이고,	取興不過酒
감정을 펼치려면 시를 짓는다네.	放情或作詩
굳이 고생스럽게 도 닦을 필요 있을까?	何必苦修道
이렇게 하는 것이 무위의 도이지.	此卽是無爲
번뇌와 걱정 다 떨쳐버렸지만	外累信已遣
이따금 마음속에 생각이 인다네.	中懷時有思
생각은 어찌 그리 멀리 가는가?	有思一何遠
말없이 주저앉아 고개 숙이네.	默坐低雙眉
십 년 동안 죄짓고 쫓겨난 나그네,	十載囚竄客
만 리 길 떠나 변방 지키러 간 사나이.	萬里征戍兒
봄날 아침 철장에 갇힌 새 신세,	春朝鎖籠鳥
겨울 밤 침상을 떠받치는 거북이 신세.	冬夜支床龜
역마는 네 발굽으로 달리느라	驛馬走四蹄
쑤시고 아픔이 그칠 날 없고	痛酸无歇期

맷돌 돌리는 소는 두 눈을 가려	磑牛封兩目
어둠에 갇혔으니 누구를 알아볼까	昏閉何人知
그 누가 이와 같은 구속에서 벗어나	誰能脫放去
사방으로 흩어져 가는 대로 몸을 맡겨	四散任所之
저마다 하고 싶은 대로 하면서	各得適其性
오늘의 나처럼 살아갈까?	如吾今日時

〔「移家入新宅」, 白居易〕

이 시 역시 중은의 향유가 그려져 있는데 특히, "온 집안식구 그리고 개와 닭들도 모두 덩달아 즐겁다./…굳이 고생스럽게 도 닦을 필요 있을까? 이렇게 하는 것이 무위의 도지"가 주목된다. 이와 더불어, 철장에 갇힌 새, 침상을 떠받치는 거북이, 고달픈 역마, 맷돌 돌리는 두 눈 가려진 소로 비유된 번거로운 관리의 신세가 선명하게 대조된다. 이러한 대조 속에는 백거이의 안도가 배어 있을 뿐만 아니라 일종의 죄의식마저 감돌고 있는 듯하다.

"나는 세상일 잊어버렸으니 세상사 들어도 못들은 척하고 올해도 배불리 먹는 걸 즐거워 할 뿐[我心与世兩相忘, 時事雖聞如不聞,但喜今年飽飯吃]("詔下」) 집안에 있는 연못가에서 편안하게 근심걱정 없이 사는 삶[不如家池上 樂逸無憂患]("閑題家池, 寄王屋張道士」)"은 백거이의 좌절당한 포부, 즉 고관대작 되고 정치권력 장악하여, 황제를 감화시켜 국정을 개혁하고자 하였던 청운의 꿈, 그리고 그의 내면에 끈질기게 잠재되어 있는 미련과 회한과의 거리를 실감하게 한다.

 이러한 중은생활의 삶에서 빼놓을 수 없는 동반자가 있다. 앞에서 잠시 주목한 대로 그건 학이었다. 고고한 자태와 청려한 울음소리를 지닌 학은 그 외형의 특징으로 해서 일찍부터 문인들의 사랑을 받았다. 학은 군자 혹은 은자와 동일시되었으며, 관련 지향과 취향을 충족시켜 주는 애완대상이었으니까. 다음에서 예거하는 시는 백거이가 얼마나 학을 좋아하고 가까이 하였는지 짐작할 수 있게 해준다.

```
만리타향에서 무엇을 얻어왔는가?              萬里歸何得
세 해 동안 함께한 것은 그 누구였던가?         三年伴是誰
화정 학 내 곁을 떠나지 않았고                華亭鶴不去
천축 수석 언제나 함께했었지.                 天竺石相隨
                            〔「求分司東都, 寄牛相公十韻」〕
```

```
함께 한가로이 벗할 것은 학만한 게 없고,       共閑作伴無如鶴
늙어서 친구할 상대 거문고뿐이라네.            與老相宜只有琴
                            〔「郡西亭偶咏」〕
```

```
취하고 싶으면 꾀꼬리 보내어 술 가져오라 하고,   醉敎鶯送酒
한가롭게 노닐고 싶으면 학에게 배를 보고 오라 하였네.
                                          閑遣鶴看船
                            〔「憶洛中所居」〕
```

문밖에 안 나간 지 또 몇십 일,	不出門來又數旬
세월을 보내면서 누구와 가장 친했는가?	將何銷日與誰親
학 우리 열린 곳에 군자가 보이고,	鶴籠開處見君子
책을 펼치면 옛사람을 만난다.	書卷展時逢古人

〔「不出門」〕

베개 베고 누어 목욕하는 학 바라보고,	枕前看鶴浴
침상에 누워서 헤엄치는 물고기 바라본다.	床下見魚游

〔「府西池北新葺水齋, 即事招賓, 偶題十六韻」〕

함께 잠을 자는 건 두 마리 학,	伴宿双栖鶴
부축해서 거니는 건 시동 하나.	扶行一侍兒

〔「自題小草亭」〕

학과 벗하여 연못가에 서 있고,	鶴伴臨池立
사람에게 부축 받아 섬돌을 내려간다.	人扶下砌行

〔「病瘡」〕

위 시구들은 백거이의 일상에서 학이 늘 함께했던 사실을 알려준다. 특히 "학 우리 열린 곳에 군자가 보이고"는 의미심장하다. 한편 애지중지했던 학을 잃어버렸을 때 그 허전한 심정을 읊은 「실학」을 보면 애착의 정도가 얼마나 깊은지 알 수 있다.

뜰 앞의 흰눈雪을 잃어버렸다.	失爲庭前雪
바닷바람 타고 날라갔을까?	飛因海上風

높은 하늘에서 짝을 만났나보다.	九霄應得侶
한밤중 되어도 돌아오지 않는다.	三夜不歸籠
푸른 하늘 구름 너머로 울음소리 사라졌고	聲斷碧雲外
밝은 달 속에 고고한 그림자 가라앉았다.	影沉明月中
이제부터 관사에는 그 누가 있어	郡齋從此後
하얀 머리 늙은이의 벗이 되어줄까?	誰伴白頭翁
	〔「失鶴」〕

눈으로 학을 환유한 이 시는 학을 잃고 절친한 지기를 잃기라도 한 듯한 시인의 모습을 보여준다. "푸른 하늘 구름 너머로 울음소리 사라졌고/ 밝은 달 속에 고고한 그림자 가라앉았다"에는 막심한 유감뿐 아니라 백거이가 기린 학의 초탈하고 고고한 이미지가 뚜렷하다.

중국고전 시인들은 학의 외형, 즉 하얀 색깔, 긴 모가지, 청려한 울음으로부터 고고한 인품을 지닌 인격자의 형상을 유추해내었다. 학과 은자의 유사성이 성립되었고 학이 은자로 환치되는 가운데 전형 이미지도 그대로 지속되었다. 백거이의 학 이미지와 인식 역시 관련 전통을 따르고 있다. 그런데 다음 「감학」에서 변화가 있어 주목된다. 1행에서 4행에 걸쳐 그려진 학의 이미지는 전통이미지의 연속이지만 5행부터 8행까지 그려진 이미지는 다르다.

무리와 어울리지 않는 학이 있었네	鶴有不群者

홀로 들판을 날아다니며	飛飛在野田
굶주려도 썩은 쥐 입대지 않고,	飢不啄腐鼠
목말라도 도천의 물 마시지 않았다.	渴不飮盜泉
올곧은 그 자태 범접할 수 없었으니,	貞姿自耿介
출랑이며 나는 뭇 새들 어찌 비할 수 있으랴	雜鳥何翩翩
함께 노닐어도 뜻은 달랐으니	同游不同志
그렇게 십 년을 살았다.	如此十餘年
어느 날 식탐이 불처럼 일어	一興嗜欲念
먹이를 쫓다가 줄 화살에 걸렸다.	遂爲矰繳牽
작은 연못에 몸을 맡긴 채,	委質小池內
뭇 닭들과 더불어 먹이를 다투었다.	爭食群鷄前
곡식을 다투는 데 그치지 아니하고	不惟懷稻粱
비린내 나는 생선까지 탐하였다.	兼亦競腥膻
주인 비위 맞추려고 온갖 아양 떨었고,	不惟戀主人
까마귀와 솔개한테도 아첨을 떨었다.	兼亦狎烏鳶
학의 마음 정말 알 수 없나니,	物心不可知
천성도 때에 따라 변하는구나.	天性有時遷
배불리 먹었으면 그만이련만,	飽尙如此
어찌하여 대부의 수레까지 타려 하는가?	況乘大夫軒
	〔「感鶴」〕

식탐을 자제하지 못하고 닭들과 먹이를 다투며 나아가 명예를 얻으려고 천박과 비열을 불사한다. 십 년을 초탈하게 지낸 뒤에 갑작스럽게 발생한 추락과 변절이므로 이러한 학의 모습

은 큰 충격을 불러일으킨다. 변절의 속성과 양상이 잘 형상화된 작품이다. 이러한 「감학」시가 백거이가 학을 제재로 읊은 최초의 시이며 풍유시로 분류되어 있다는 사실도 주목해야 하겠다.

한편 우리는 백거이의 중은생활이 겉으로는 평안하고 한적하였지만 그 이면에는 늘 자신의 미흡과 일탈을 경계하면서 수양하고 있었다는 것을 알 수 있다. 이러한 면모가 자신과 학을 동일시한 시편에서 나타난다.

열흘이 넘도록 술도 못 마시고	經旬不飮酒
한 달이 넘도록 노래 소리 못 들었다.	逾月未聞歌
어찌 낭만이 없어서일까?	豈是風情少
어찌하랴 속세의 일 많고 많으니	其如塵事多
호구산이 어떠냐고 물어오니 부끄럽기 짝이 없고	虎丘慚客問
관왜궁에 가본 사람 질투가 난다.	娃館妒人過
우리에 갇힌 학 비웃지 못할지니	莫笑籠中鶴
내 신세도 별로 차이가 없구나.	相看去幾何
	〔「題籠鶴」〕

「제롱학題籠鶴」, 그러니깐 '우리에 갇힌 학을 노래함'이라는 뜻이다. 소주자사로 부임한 백거이는 내심 이은을 추구하였으나 분주한 공무로 오랫동안 소주의 명승고적 호구산과 관왜궁조차 유람할 틈이 없었다. 관직에 얽매여 자유롭지 못한 자신

을 우리 속에 갇혀 있는 학과 동일시하고 있다. 이러한 동일시는 우연이나 즉흥이 아닐 것이다.

사람은 각각 좋아하는 바가 있고	人各有所好
사물은 언제나 마음에 꼭 드는 건 아니로다.	物固無常宜
누가 널더러 춤을 잘 춘다고 했는가?	誰謂爾能舞
한가로이 서 있을 때만 못하구나.	不如閑立時
	〔「鶴」〕

이 시 역시 분주하게 나는 학을 벼슬살이에 매여 한가로울 날이 없는 자신의 모습에 빗대어 읊었다. 학의 우아한 날갯짓조차 아름답기보다는 분주하게 느껴지는 시인의 발상이 기발하다. 한가로운 생활을 깊이 동경하였음을 알 수 있다.

고향 떠나 멀리 화정華亭의 강물 뒤로 하고	辭鄕遠隔華亭水
날따라 구령緱嶺의 구름 속에 보금자리 마련했다.	逐我來栖緱嶺雲
부끄럽구나 늘 배불리 먹지 못하지만	慚愧稻粱長不飽
뭇 닭에게 눈길 한번 안 돌리는구나.	未曾回眼向鷄群
〔「有雙鶴留在洛中,忽見劉郞中,依然鳴顧,劉因爲鶴嘆…答之」〕	

배불리 먹지 못할지언정 뭇 닭들과 먹이를 다투지 않는 학의 모습, 그건 바로 어려운 환경 속에서도 고고한 풍모를 잃지 않는 군자의 모습이며, 백거이의 내면에 늘 존재하는 이상적인

자아의 형상이다.

높다란 대나무 우리 속에 짝할 벗 없나니	高竹籠前無伴侶
뭇 닭들과 섞여도 고고한 자태 표나는구나.	亂鷄群裏有風標
머리 숙이면 단사 같은 벼슬 떨어질까 두렵고	低頭乍恐丹砂落
햇살에 쬐면 흰눈 같은 깃털 녹을까 두려워라.	曬翅常疑白雪消
가마우지 깃털 천하다고 생각하겠지.	轉覺鸕鷀毛色下
앵무새 울음소리 교태로워 괴롭겠지.	苦嫌鸚鵡語聲嬌
바람결에 울면서 무엇을 생각할까?	臨風一唳思何事
슬픈 눈망울로 머나먼 청전青田과 운수雲水를 바라본다네	悵望青田雲水遙

〔「池鶴二首」〕

 닭과·가마우지·앵무새, 뭇 새들과 구별되는 학의 고고한 기품과 그 기품을 훼손할까 우려하는 학의 모습을 그려져 있다. 또 하나 새로운 면모다. 학의 기품은 타고난 것이 아니라 끊임없는 자제와 도야의 결과라는 것이다. 또 세속의 천박한 부류들과 어울릴 수 없는 고독도 그려져 있고 '청전青田'과 '운수雲水'로 표상되는 적합한 환경을 그리워하는 심정까지 묘사되어 있어 인간의 이미지에 훨씬 더 접근되어 있으며 호소력도 높다.

 췌언이지만 학은 바로 시인의 자화상이다. 가마우지·앵무새 등은 소인배들이며, 소인배들의 틈바구니에서 사느라 괴로운 처지와 심정이 완연하게 드러난다.

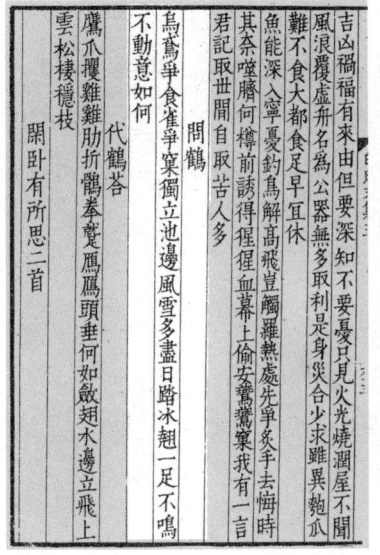

군자와 은자로 동일시 되었던 학, 백거이의 취향과 지향을 충족시켜 주었다.

까마귀와 솔개는 먹이를 다투고, 참새들은 서로가 둥지를 다툰다. 烏鳶爭食雀爭窠

홀로 있는 연못가엔 눈보라 몰아치는데 獨立池邊風雪多
종일토록 얼음 밟고 한쪽 다리 들고서 盡日蹋冰翹一足
울지도 움직이지도 않는 그 뜻은 무엇인가? 不鳴不動意如何

〔「問鶴」〕

눈보라 몰아치는 연못가, 그 둘레에는 먹이와 둥지다툼이 치열한 생존경쟁이 벌어지고 있다. 그런데 학은 얼음 위에서 한쪽 다리 들고 울지도 움직이지도 않는다. 장경長慶연간 이후 더욱 치열해진 당쟁과 시인의 태도를 형상화 한 것이다.

중은생활은 백거이 자신이 표방한 대로 현실과 유리된 자적과 소요의 삶만은 아니었다. 장안의 정쟁과 암투에 관여하지 않았지만 현실은 어디까지나 무관할 수 없었다. 늘 중은에 의거한 자제와 성찰이 요구되었던 것이다. 백거이는 뒷날 평생을 회고하며 다음과 같이 읊었다.

세월을 보낼수록 관직은 높아지고	銷磨歲月成高位
세상사람들과 비교하면 나는 행복한 사람	比類時流是幸人
평생 동안 요행스럽게 산 일을 점검해 보면	點檢一生僥倖事
낙양에는 나 말고 아무도 없네	東都除我更無人

이러한 행복한 회고는 중은 때문에 가능하기도 하였지만 진실로 중은을 실천하기 위한 끊임없는 수양이 있었기에 가능하였던 것이다.

─── ○ 3.
유·불·도의
경계를 넘나들다

    당나라는 상당히 개방적인 왕조였다. 세계각국의 문화는 물론 외국인까지도 포용하여 당나라에서 관리가 될 수 있는 제도를 마련하였다. 외국인도 과거를 보고 급제하면 당나라의 관리가 될 수 있는 빈공과의 설치는 세계화·개방화를 지향하는 오늘날에도 유례가 드문 일이 아닐 수 없다. 당시로 봐선 당나라 장안과 멀리 떨어져 있던 신라에서 김운경을 비롯한 다수의 빈공과 합격자가 나왔고, 당나라에서 벼슬을 했던 것은 개방형 문화정책의 일단을 보여주는 사례라고 할 수 있다.
    사상방면에서도 유교·불교·도교사상이 공존하면서 지식인들에게 일정한 영향을 주었다. 통치자와 지식인들은 일방적으로 어느 한 사상에 경도되거나 한 사상을 고수하려 하지 않고 각자의 이상과 수요에 맞게 활용하고 수용하는 모습을 보였다.
    유교는 각 왕조의 통치이념의 근간이었고, 도교를 유독 좋아했던 당 현종과 무종이 불교를 배척했던 것을 제외하면 당나라

역대 황제들은 대부분 도교와 불교를 함께 수용하여 믿었다. 당나라 황실은 대체로 도교를 신봉하였다.

노자는 당황실과 같은 이씨였는데, 당황실은 노자의 영향력을 활용해 미천한 이씨가문의 권위를 높이려 했던 것이다. 또 다른 이유는 단약丹藥을 제조할 수 있는 도사들이 일반사람들의 불로장생을 추구하는 심리를 만족시켜 줄 수 있었다는 점이다. 당나라의 많은 황제들이 불로장생을 위해 단약을 복용한 예가 적지 않다.

이상 두 가지 원인으로 도교는 줄곧 당나라 전시기를 풍미하였다. 특히 당 태종 때는 도교가 불교보다 훨씬 존중받았으며 도사와 여관女冠들의 사회적 위치는 승려 위에 있었다. 고종 건봉乾封 2년(667)에 노자를 추존하여 태상현원황제太上玄元皇帝라는 칭호를 부여하였고 이를 계기로 도교의 위치는 더욱 존귀해졌다.

한편 불교 역시 태종 때 현장玄奘법사의 불경번역 사업을 정부가 크게 지원해 주는 것을 계기로 널리 성행하였다. 특히 당나라 헌종憲宗은 부처사리를 모셔다가 궁중에 안치해 두고 복을 기원할 정도로 불교에 빠졌었다. 그 뒤 선종宣宗과 의종懿宗 역시 불교를 숭배하여 불교의 교세는 극성하게 된다. 당나라 초기 5천 3백여 개였던 불교사원이 무종武宗 때에 이르러 4만여 개로 늘어날 정도였다.

한편 당나라 때에는 유교와 불교·도교가 조화롭게 융합되는 양상을 드러냈다. 물론 이러한 조짐은 이미 동진시대부터 나타났다. 즉 동진시대에 불교가 전래된 이후 불교는 노·장의 청담사상을 이용하여 중국인에게 파고들면서 일차적으로 불교와 도교가 융합하는 현상을 드러내었다.

지둔支遁은 청담淸談으로서 당시의 유명인사들에게 널리 알려지고 존경을 받았다. 청담은 바로 노장사상과 불교가 융합하여 만들어낸 산물이라 할 수 있다.

승려들은 왕왕 도가철학의 관념을 이용하여 불교경전을 해석하였다. 서역의 쿠차에서 온 구마라습鳩摩羅什과 같은 고승도 도가의 술어, 예컨대 '유' '무' '유위' '무위' 등으로 불교철학을 해설하였다. 유교와 도가가 합류하는 현상은 3~4세기 왕필과 하안 등에서 시작되었다. 도가의 견지로 『논어』를 주석한 하안의 『논어주』와 왕필의 『주역주』가 유명하다.

일관성의 관점에서 노신魯迅은 위진남북조 이래 당대에 이르기까지 지식인들의 특색은 사상에 지조가 없는 것이라고까지 논평하였다. 그 당시 명사들은 『논어』와 『효경』·『노자』·『유마힐경』을 화제로 삼아 담론하거나 주석을 달았는데, 백거이 역시 이러한 시대의 조류에 따라 유·불·도 3교를 모두 받아들였다.

백거이는 본래 유가를 신봉하고 겸제천하의 이상을 품고 세상에 적극 등용되기를 추구하였던 사람이다. 적극적이고 진취적인 사고가 그를 지배할 때는 불교와 도교에 비판적인 태도를 견지하면서 그 폐해를 지탄하기도 하였는데 정치적으로 득의하였을 때 특히 그러하였다. 풍유시로 분류되어 수록되어 있는 「해만만海漫漫」과 「양주각兩朱閣」가 이 분야의 대표작이다.

그러나 당시 유·불·도가 융합되는 사조의 영향을 받았던 그는 또 자연스럽게 불교·도교에 젖어들기도 하였다. 백거이는 한미한 가문에서 태어났고 어려서부터 난리를 겪으면서 가족과 헤어져야 하는 아픔을 경험하였다. 넉넉지 못한 가정형편, 불확실한 미래, 어머니의 병환 등은 청년 백거이가 야심찬 미래와 장밋빛 꿈만을 꾸기에는 버거운 현실이었다.

벼슬길에 나간 뒤 역시 그의 포부와 이상을 하나하나 실현해 나가는 과정이 아니라 품었던 웅지가 하나하나 깨어지는 아픔을 겪는 과정이었다. 개혁정치를 지지하였으나 자신과 참여한 사람들이 하나하나 도태되는 과정을 지켜봐야 했다. 정치의 헤게모니를 둘러싸고 벌어지는 추악한 정쟁은 절친한 친구 원진의 좌천을 불러왔고, 충정에서 우러나온 각종 책략과 직언은 무시당하기 일쑤였으며, 황제의 노여움과 정적들의 지탄만 받았다.

뒤이은 어머니의 죽음, 그에 말미암은 휴직은 황제 최측근 신하에서 시골의 농부 같은 처지로 전락하는 신분의 격변을 겪게 하였다. 게다가 뒤늦게 얻은 딸의 죽음, 모친상을 마친 뒤 한직으로의 복귀, 뒤이어 원화 10년에 발생한 강주사마로의 좌천, 쉰여덟에 얻은 아들의 요절 등등, 이렇듯 여의치 못한 현실은 그에게 비관적인 인생관을 조장, 고통스런 현실을 잊고자 도교와 불교의 세계로 빠져들게 만들었다.

먼저 도교관련 시편들을 살펴보면 다음과 같다.

아! 어찌할 수 없구나,	無可奈何兮
흘러가는 세월, 늙어가는 내 모습.	白日走而朱顔頹
젊은 시절 지나가고 늙음을 재촉한다.	少日往而老日催
산 사람은 머물러 있지 않고,	生者不住兮
죽은 사람 돌아오지 않는구나,	死者不廻
출세와 좌절, 풍요와 빈곤은 외물이거늘,	況乎寵辱豐顇之外物
어찌 가기만 하고 오지 않는가?	又何常不十去而一來
떠난 것은 붙잡을 수 없고,	去不可挽兮
오는 것은 또 밀쳐버릴 수 없으니,	來不可推
아! 어찌 할 수 없구나,	無可奈何兮
이제 모두 끝났구나.	巳焉哉
오직 천지만 장구하여,	惟天長而地久
시작도 없고 끝도 없는데,	前無始兮後無終
아 내 인생은 그 얼마런가?	嗟吾生之幾何
잠시 한순간을 천지에 기탁하였노라.	寄瞬息乎其中
커다란 곳간 속 좁쌀처럼 작고,	又如太倉之稊米
만 섬 속의 낱알처럼 보잘것없는 내 신세여.	委一粒於萬鍾
	〔「知足吟」〕

생로병사와 부귀영화는 의지대로 조종할 수 없으며 보장받거나 고정시킬 수도 없다. 도도히 떠나가고 도도히 오는 것, 종

국으로 가는 변모. 시인은 삶의 한계, 그 어찌할 수 없음을 거듭 탄식하고 탄식한다. 게다가 주변에는 공평하지 않거나 부당하게 출세와 풍요를 보장받거나 누리는 사람이 있다. 자기보다 실력도 없고 못난 사람이 더 높은 곳에서 더 많은 것을 누리며 살고 있음을 본다. 생명의 유한과 불합리한 인생, 억울하지만 움직일 수도 바꿀 수도 없는 운명, 그 앞에서 백거이는 탄식하며 고통을 호소하고 있다.

    우리는 이 시에서 인간의 한계를 절감하며 자기연민에 빠질 수 있다. 하지만 참담한 어조의 독백에는 절망만 있지 아니하고 그러한 운명에 미약하나마 겸손하려는 태도가 함축되어 있기도 하다. 숙명의 운명이해는 그저 좌절의 탄식으로 끝나지 않고 그 수용과 초탈을 모색하는 씨앗이 되어 있다. 때로 그는 노장사상에 의지하여 고통을 이겨보려 한다. 다음 시는 그러한 모습이 아주 잘 그려져 있다.

몸이 편안하니 사지四肢를 잊고	身適忘四支
마음이 편안하니 시비를 잊는다.	心適忘是非
편안하고 또 편안한 것조차 잊으니	既適又忘適
내가 누구인지 모르겠노라.	不知吾是誰
몸은 메마른 나무 같아	百體如槁木
아무것도 알지 못한다.	兀然無所知
마음은 타버린 재 같아	方寸如死灰
아무 생각도 일어나지 않는다.	寂然無所思

오늘도 또 내일도	今日復明日
몸과 마음을 모두 버렸노라.	身心忽兩遺
이제 내 나이 서른아홉	行年三十九
금년도 다 가려하는구나.	歲暮日斜時
나이 사십엔 마음 흔들리지 않는다더니	四十心不動
내 지금 그 나이 그 경지에 도달하였구나.	吾今其庶几
	〔「隱几」〕

장자 「제물론齊物論」 첫머리의 의미를 모티프로 한 시라고 할 수 있다. 제목조차도 「제물론」의 "南郭子綦隱机而坐"에서 따왔다. "몸은 메마른 나무 같고" "마음은 타버린 재 같다"가 주제라고 할 수 있다. 이 역시 장자 「제물론」에서 추구하는 최고의 경지이다. 몸과 마음이 아무것도 느낄 수 없는 상태, 바로 장자에서 추구하는 '오상아吾喪我'의 경계이다.

그러나 나무 같고 재 같은 몸과 마음은 추상적인 사유를 통해서 이루어진다. 현실로 돌아오면 환상일 따름이다. 그러한 상태는 삶과 죽음을 동일시할 때만 가능하기에 역동적인 삶의 자세를 남김없이 버려야만 가능하다. 그러나 우리의 삶이라는 게 어찌 그럴 수 있겠는가? 살아 있는 한 부귀와 영화를 추구하는 욕망은 버리기 어렵다. 그러므로 마른 나무 같은 몸, 재 같은 마음의 경지는 작정하고 그렇게 되고자 기를 쓰는 것이지 실제로 그렇게 되기는 어려우며 자칫하면 몽매와 위선의 정신 승리법에 해당할 수도 있다. 실의에 말미암은 백거이의 고통은 사변을 하는 그 순간에나 고통에서 벗어날 수 있는 것일 뿐, 그 순간이 지나고 나면 고통은 끈적거리며 솟아나오는 옻나무의 진액처럼 그렇게 지속된다고 하겠다.

노장의 세계는 우리에게 어떻게 이성으로 감성을 제어하여 생명의 해방을 획득할 수 있는가를 알려준다. 이성으로 백거이는 인정한다. 부귀공명은 팔자라고, 운명으로 정해진 것이라고, 잘나고 못난 것과 전혀 무관한 것이라고. 그러니까 너무 상심하지 말고 팔자에 순응하자고. 하지만 감정으로는 인정할 수 없는 것이다. 그러므로 그의 탄식은 오랫동안 끝나지 않는다.

하늘이 백성을 사랑하지 않는다면	謂天不愛民
어찌하여 곡식을 만들었을까	胡爲生稻粱
하늘이 백성을 사랑한다면	謂天果愛民
어찌하여 승냥이와 이리를 만들었을까?	胡爲生豺狼
신이 착한 사람에게 복을 내린다면	謂神福善人
공자 같은 성인이 어찌 바삐 쫓아다녔는가.	孔聖竟栖遑
신이 악한 사람에게 화를 내린다면	謂神禍淫人
포악한 진나라가 어찌 패왕이 되었을까.	暴秦終霸王
안회와 황헌은	顔回與黃憲
무슨 죄가 있어서 일찍 죽었으며	何辜早夭亡
독사와 짐조는	蝮蛇與鴆鳥
어찌하여 장수 하는가?	何得壽延長
사물의 이치는 참으로 알 수 없고	物理不可測

신의 이치도 헤아리기 어려워라. 神道亦難量
〔「效陶潛體詩」〕

공자와 안회와 황헌은 덕이 있는 선량한 인물이다. 그러나 그들의 삶은 불행하였다. 진나라와 독사와 짐조는 잔인하고 흉악하다. 그러나 진나라는 천하를 통일하였고 독사와 짐조는 오히려 장수를 누린다. 그렇다면 『주역』 문언文言의 "선업을 쌓은 집에는 반드시 좋은 일이 생긴다〔積善之家必有餘慶〕"는 말은 거짓이었던가? "선을 행한 사람은 복을 받고 악을 행한 사람은 벌을 받는다〔善有善報 惡有惡報〕"는 속담도 허황된 말이었던가? 역시 문언에 보이는 "큰 덕을 쌓은 사람은 반드시 그에 걸맞은 지위와 봉록과 명성과 장수를 누린다〔大德 必得其位, 必得其祿, 必得其名, 必得其壽〕"는 공자님의 말씀도 틀렸단 말인가?

백거이는 역사상 훌륭한 인격과 덕을 가지고도 불우한 삶을 산 사람들을 머릿속에 떠올리며 회의한다. 훌륭한 인격과 덕을 가진 사람들도 잘된 사람이 얼마든지 있지만 문제는 인격과 덕을 가진 존재의 좌절과 불행이다. 운명이 엇갈리고 꼬이는 경험에서 백거이는 슬픔을 느낀다.

어찌 백거이만 그러하랴? 이러한 악운은 시공을 초월해 세속에서 자주 있었고, 사람들은 백거이처럼 한탄한다. 황제가 국가인 절대봉건전제체제 아래에서 양심과 정의를 따르는 지식인의 운명은 더욱 그러기가 쉬웠다. 그리고 적지 않은 불후의 명작들이 이를 모티프로 해서 생겨났다.

백거이는 운명은 개인의 의지로 어찌할 수 없다는 것을 절감한다. 숙명론적인 운명관은 그에게 운명에 순응할 것을 타이른다. 인간의 힘으로 또 개인의 의지로 바꿀 수 없는 게 운명이라면 현실 속의 행불행에 연연하지 말고 초탈하자. 다음 시는 이러한 정서를 평이하면서도 깊이 있게 표현한 결정체라 할 수 있다.

달팽이 뿔 위에서 무엇을 다투는가	蝸牛角上爭何事
부싯돌 불꽃 속에 기탁한 이 몸	石火光中寄此身
풍족한 대로 부족한 대로 즐겁게 살자	隨富隨貧且歡樂
하하하 웃지 않으면 그대는 바보	不開口笑是癡人
	〔「對酒」〕

시인은 우선 우리의 삶을 미물 중의 미물인 달팽이, 그것도 그 뿔 위의 다툼이라고 형상화한다. 삶의 명분을 대의로 그럴듯하게 포장하고 있는 우리 인간이지만 사실 자질구레한 이해에 얽매여 아등바등 다투며 사는 게, 달팽이 뿔의 왼쪽 촉수와 오른쪽 촉수에 살면서 땅을 더 차지하기 위해 싸웠다던 촉씨觸氏·만씨蠻氏와 무엇이 다를까. 첫 구는 인간 삶의 속성을 공간에 관련시켜 묘사하고 있으며 둘째 구는 인간은 순간인 '부싯돌 불꽃' 속에 맡겨져 있을 뿐만 아니라 생애의 시간도 그 순간의 한 찰나에 불과하다고 묘사하고 있다. 일견 너무나 낯선 삶의 모습이지만 거시적인 안목에서 얼마든지 수긍이 간다.

그렇다. 광대하고 영원한 우주의 공간과 시간과 비교하면 우리 인생은 길어봤자 고작 1백 년, 따라서 비유하자면 반짝했다 순식간에 사라지는 부싯돌의 시간을 벗어날 수 없다. 그런데도 우리 인간은 빈부에 얽매여 온갖 고뇌와 갈등을 겪으며 생명을 소진한다. 그래서 시인은 권유한다. 거시적인 안목으로 빈부에 구애받지 말고 즐겁게 살자. 가난하면 가난한 대로 부유하다면 부유한 대로 즐겁게 살자. 빈부에 매여 괴로워하거나 무리하지 말고 그것은 그것대로 내버려 두고 즐겁게 살자.

혹시 이쯤해서 시인을 현실도피·낭만성향을 가진 안일주의자로 본다면 성급한 판단이다. 마지막 구 "하하하 웃지 않으면 그대는 바보"를 다시 주목하자. 다소 공허하게도 들리지만 빈부에 관련된 무수한 세속의 사연을 깊이 이해하면서도 그보다는 그것을 초월한 낙천樂天의 자세를 더 중요하게 여기며 이를 나누려하고 있지 않은가?

이 시는 부자만을 위로하는 시도 아니고, 빈자만을 위로하는 시도 아니다. 빈자와 부자 모두, 각각의 애환과 고뇌를 배려하며 그 나름대로 처한 얽매임에서 초탈하기를 권유하고 있다.

또 우리는 첫 구에 함축되어 있던 또 하나의 뜻을 깨우치게 된다. 이 세속에서의 빈부는 그것이 모두 어떤 명분과 실질이 있다고 하더라도 모두가 다툼의 결과에 불과하다는 것이다. 부의 길은 의식주를 위해 마땅히 가야 하는 길이기도 하지만 끝없는 욕망의 길이기도 하기에 정도를 지나치기 쉽고 타인에게 해악이 되기 쉽다.

    빈부에 매일 경우 어느 쪽이든 결국은 상처와 직면하게 되어 있다. 이는 실로 빈자와 부자에게 동일한 각성을 주며, 나아가 쓴웃음 섞인 위로와 반성과 달관을 준다. 실패한 자의 그럴듯한 변명이라거나 성공한 자의 나른한 피로라고 보기 어렵다. 삶의 깊고 어두운 긴 터널을 치열하게 통과한 뒤에 온 길을 되돌아보며 정밀하게 통찰하고 나서 삶 자체를 존중하는 시선과 호흡이 느껴지는 시다.

    이른바 한적시는 대부분 이러한 사상을 반영한 작품이다. 앞에서도 언급하였듯이 우주와 인생에 대한 그의 반응은 경험론적 체험에 속하는 것이다. 현실에 존재하는 상대적 가치체계에서, 생명의 가치를 실현하려 하는 과정에서 운명이 종잡을 수 없다고 깨달았다. 다음 시는 시인의 삶과 정서의 토로가 더 많이 개입된 맥락이긴 하지만 위 시와 거의 같은 의미구조이다.

젊기만 하고 늙지 않는 사물이 어디 있을까?	何物壯不老
막히기만 하고 통하지 않는 운수가 어디 있을까?	何時窮不通
저 소리와 가락은	如彼音與律
에돌아 흐르며 아름다운 음악 되는데	宛轉旋爲宮
어찌하여 나만 운명이 사나워	我命獨何薄
쪼그라드는 날은 많고 풍요로운 날 적을까?	多悴而少豊

한창 젊은 나이에 이미 조로하였고	當壯已先衰
좋은 시절 잠깐이고 고통스러운 날 길기만 할까	暫泰還長窮
내 운명 어찌할 수 없어	我無奈命何
운수에 맡기고 죽을 날 기다리노라.	委順以待終
운명은 나를 어찌할 수 없으니	命無奈我何
내 마음 허공처럼 비웠노라.	方寸如虛空
멍청하게 운명대로 몸을 맡기니	懵然與化俱
세상과 더불어 살 수 있노라.	混然與俗同
누가 스스로 사서 고생하면서	誰能坐自苦
마음을 부글부글 끓이고 있나?	齟齬於其中

〔「達理」〕

먼저 5행까지 상대적 개념을 지닌 시어들이 대조를 이루고 있다. '壯'과 '老', '窮'과 '通', '多'와 '少', '悴'와 '豊', '暫'과 '長', '泰'와 '窮'이 그것이다. 백거이는 이렇듯 현실에 존재하는 상대적 가치체계 속에서 생명가치의 실현을 추구하여 운명이 뒤틀릴 때 "나만이 운명이 사나워 쪼그라든 날은 많고 풍요로운 날 적을까?"라고 탄식하는데, 자연의 이치와 어긋난다는 인식이 바탕을 이룬다.

하지만 7행에서부터는 그 초극으로 운명을 수용하며 마음의 평정을 이룩한다. 운명을 적극 수용하면서 세상과 새로운 관계를 설정하고 있는데 노장의 세계관이 함축되어 있다.

한편 넉넉지 못한 가정형편, 불확실한 미래, 어머니의 병환 등은 청년 백거이가 야심찬 미래와 장밋빛 꿈만을 꾸기에 버거운 현실이었다. 그런 탓일까? 백거이는 일찍부터 불교의 힘을 빌려 고통을 해소하고자 하였다.

해는 저물고 천지는 차가운데	日暮天地冷
비 개인 산하는 맑기만 하다.	雨霽山河淸
세찬 바람 서쪽에서 불어오니	長風從西來
초목에는 가을 소리 맺혀 있네.	草木凝秋聲
세월이 빨리 지나가는 것도 슬픈데	已感歲候忽
만물은 또 쇠락하여 떨어지누나.	復傷物凋零
그 누가 슬퍼하지 않을까?	孰能不憯悽
시절이 사람의 마음을 움직이니.	天時牽人情
공문空門의 불자에게 묻노니,	借問空門子
어떻게 수행하면	何法易修行
욕심을 잊어버리고	使我忘得心
번뇌가 생기지 않게 할까요?	不教煩惱生

〔「客路感秋寄明準上人」〕

이 시는 백거이의 초기의 작품 중 하나다. 확실한 시기는 고증할 길 없으나 제목의 '객로감추客路感秋'로 보아 홀로 낙양으로 돌아가던 정원 17년 가을로 추정된다.

이 때 백거이는 과거에 갓 합격했었지만 합격의 흥분에 도취한 심사만을 읊기에는 현실이 너무나 버거웠다. 집은 가난하였고 어머니가 와병중인데다 외조모의 죽음까지 겹치는 등 우환이 끊이지 않았고, 사랑하는 연인과의 결합도 불투명해진 상태였다. "공문空門의 불자에게 묻노니 어떻게 수행하면 번뇌가 생기지 않게 할까요?"에서 이 시의 비감한 모티프를 잘 읽을 수 있게 된다.

인생에서 가장 큰 비애는 아마도 사랑하는 지친을 잃었을 때 발생할 것이다. 더구나 백거이에게 있어서 어머니의 존재는 늘 연민과 슬픔 그 자체였다. 행복하지 않았던 혼인생활과 생활고, 게다가 지병의 고통까지 겪는 어머니였다. 그런 어머니의 죽음이기에 슬픔과 회한도 남달랐을 것이다. 게다가 뒤늦게 얻은 딸마저 연이어 잃자 그 슬픔은 극에 달하였다. 그 심정을 다음과 같이 읊었다.

아침엔 사랑하는 딸 때문에 통곡하고	朝哭心所愛
저녁엔 사랑하는 어머니 때문에 통곡한다.	暮哭心所親
딸과 어머니 모두 저 세상으로 갔는데	親愛零落盡
어찌하여 내 몸뚱이만 살아 있는가?	安用身獨存
내 평생 즐거움 그 얼마일런가?	幾許平生歡
골육에 대한 사랑 끝이 없구나.	無限骨肉恩
창자에 맺혀 있는 아픔	結爲腸間痛
코끝에 모여 있는 슬픔	聚作鼻頭辛
슬픔이 밀려오면 사지가 풀리고	悲來四支緩
울다가 지치면 두 눈이 흐릿해진다.	泣盡雙眸昏

그러기에 이제 나이 사십이건만	所以年四十
마음은 이미 칠십 노인	心如七十人
듣자하니 불교에는	我聞浮屠敎
해탈문이 있다고	中有解脫門
마음은 고요한 물처럼 만들어 주고	置心爲止水
몸은 뜬구름처럼 만들어 준다고	視身如浮雲
옷에 묻은 먼지 훌훌 털어버리고	斗擻垢穢衣
생사의 윤회에서 벗어나게 해준다고.	度脫生死輪
어찌하여 고통스런 이 세상에 연연하며	胡爲戀此苦
머뭇머뭇 떠나지 못하는가?	不去猶逡巡
간절히 그리워하며 비옵나니	回念發弘願
이 몸이 윤회에서 벗어나	願此見在身
다만 과거의 업보만 받고	但受過去報
내세의 인연 맺지 않게 해주소서.	不結將來因
바라건대 지혜의 물로	誓以智慧水
영원히 세속의 번뇌를 씻어버리고	永洗煩惱塵
장차 자식을 사랑하여	不將恩愛子
더 이상 비애의 뿌리 심지 않게 해주소서.	更種悲憂根

〔「自覺」〕

고통을 대면하고 있는 백거이의 형상이 핍진하게 그려져 있다. 정신의 고통은 정신의 해탈로 잊을 수밖에 없는 것임을 백거이는 절감하고 있다. 정신과 심리의 평온, 그런 열망이 강렬할수록 불교에 의지하려는 마음 역시 강렬해진다. 헌종의 개혁이 실패로 돌아가고 중앙 정계로부터 축출되는 심각한 타격을 받았을 때 백거이는 가장 깊이 좌절하였고 이 때에도 불교지향 정서가 부각되고 있다.

꽃도 다 떨어지고 머리에 흰머리 새로 돋았다	花盡頭新白
누대에 오르니 마음은 어떠한가?	登樓意若何
일 년 사시 중에 봄날은 적고	歲時春日少
이 세상엔 괴로운 사람 많기도 하다	世界苦人多
시름에 취한 것은 술 때문이 아니고	愁醉非因酒
슬프게 읊조리는 것은 노래 때문이 아니라네	悲吟不是歌
스님에게 물어본다 어찌해야 이 병이 낫냐고	求師治此病
오로지 능가경楞伽經을 읽으라 권하신다.	唯勸讀楞伽

〔「晚春登大云寺南樓, 贈常禪師」〕

공명은 언제나 사람들이 기대하지만	功名宿昔人多許
영광은 짧다는 것을 알지 못했지.	寵辱斯須自不知
하루아침에 은혜 잃고 먼저 쫓겨나	一旦失恩先左降
삼 년 기한 넘었지만 아직도 좌천신세	三年隨例未量移
말머리에서 뿔을 찾아봤자 어느 날에 생길까?	馬頭覓角生何日
부싯돌로 당긴 불꽃 얼마나 오래 갈까?	石火敲光住幾時
지난날 현재 신세 이와 같으니	前事是身俱若此
부처님께 가지 않으면 어디로 갈까?	空門不去欲何之

〔「自題」〕

아마도 '이 병'은 "공명은 언제나 사람들이 기대하지만/영광은 짧다는 것을 알지 못했지"에 함축되어 있듯, 허망에 관련된 것으로 보이며 그 근본적 차원의 해결은 불가능에 있다는 인식이다. 그렇다면 백거이가 접한 불교는 여러 종파 중 어디에 속하였던 것일까? 능가경楞伽經·공문空門 등의 용어를 보면 한때는 대승불교 후기에 유행하였던 밀종密宗에 경도된 적이 있는 것 같다. 하지만 백거이가 만년에 즐겨 찾았던 불교유파는 선종禪宗 가운데 남종南宗이었다.

불립문자不立文字·직지인심直指人心·돈오성불頓悟成佛을 중시하는 선종은 인도 불교의 중국식 변용으로, 계율을 경시하고 언행이 방종하며 예법에 구애받지 않는 자유분방하고 세속적인 색채가 다분한 종교다.

이러한 경향은 바로 벼슬길에서 실의를 겪고 가슴 가득 번뇌에 시달리는 사대부들의 처지와 잘 부합한다. 선종은 고뇌의 정신을 평온과 휴식으로 이끌어주었다. 또 세속의 인연을 끊고 산사로 들어가 고행하지 않아도 마음의 평정과 정화가 가능하게 해 주었다.

다음 작품은 도가와 불교의 수행과 세속의 취향을 하나의 질서로 통합한 일상을 다루고 있어 주목된다.

아침에 운영을 복용하고 샘물로 입가심하니	曉服雲英漱井華
몸이 연무 속에 있는 듯 고요하구나.	寥然身若在煙霞
약 기운 사라진 후 느지막이 밥 세 숟갈 떠먹는다.	藥銷日晏三匙飯

숙취에 갈증 느끼니 깊은 봄 차 한 사발 마신다. 酒渴春深一碗茶
매일 밤 좌선하며 물에 비친 달 바라보고 每夜坐禪觀水月
때로는 술에 취해 바람에 흔들리는 꽃 감상한다. 有時行醉翫風花
불법의 이치는 이해하기 어려워라 淨名事理人難解
몸은 스님 아니나 마음은 스님이어라. 身不出家心出家
〔「早服雲母散」〕

   도가의 단약을 복용하고 좌선하며 음주하고 꽃을 감상한다. 도교와 불교와 세속 취향의 경계를 마찰없이 자연스럽게 넘나들고 있다. 세속을 떠나지 않고도 세속 이상의 삶을 향유하는 것이다.

숲 속 따듯한 햇살 비치면 스님은 자리를 깔고 林暖僧敷坐
누대에 비 개이면 기생은 발을 걷는다. 樓晴妓卷簾
〔「書事詠懷」〕

   청정과 유흥, 지향과 차원이 무척이나 대조되는 스님과 기생이 자연스럽게 한 장면에서 공존하고 있다. 이러한 연출은 물론 시인의 취향이자 추구의 반영이다. 때로는 형이상학적 세계에서, 때로는 형이하학적 세상에서 노닌다. 두 겹의 현실이 소통되고 있다. "술 마시고 고기 먹어도 보살이 되는데 지장 없고, 도둑질하든 여자를 밝히든 반야를 터득하는 데 지장 없다"는 선종 남종의 교리와도 관련되는 듯하다. 아무데도 구속되지 않는 자유로운 영혼이 세속의 욕망과 그 욕망의 극복을 넘나들며 유영하고 있다.

   평생을 마감할 즈음 그는 자신이 터득한 처세철학을 자식과 제자들에게 다음과 같이 들려준다.

성인도 광부狂夫의 말을 들어주었고	聖擇狂夫言
세상 사람들도 노인의 말을 믿어주었다.	俗信老人語
내게도 늙어서 멋대로 지껄이는 말이 있으니	我有老狂詞
너희들 한번 들어 보거라.	聽之吾語汝
무기나 연장을 볼 것 같으면	吾觀器用中
날카로운 칼날은 대부분 이가 빠졌다.	劍銳鋒多傷
사람의 신체를 볼 것 같으면	吾觀形骸內
굳센 이빨이 가장 먼저 빠진단다.	骨勁齒先亡
세상을 살아가는 사람들아	寄言處世者
지나치게 굳세고 강해서는 안 되느니라.	不可苦剛强
거북이는 우직하고 착하고	龜性愚且善
비둘기는 우둔하고 악기가 없다.	鳩心鈍無惡
사람들은 거북이를 천히 여겨 침상이나 떠받치게 하고	人賤拾支床
매는 비둘기를 업신여겨 따듯한 다리를 잡게 했다.	鷹欺擒暖脚
입신을 하려는 사람들에게 고하노니	寄言立身者
전적으로 유약해서는 안 되느니라.	不得全柔弱
우직하고 착한 거북이는 화를 입었고	彼固罹禍難
우둔하고 악기 없는 비둘기는 걱정을 면치 못하였단다.	此未免憂患
어떻게 하면 끝까지 잘 살 수 있을까?	于何保終吉

강하지도 약하지도 부드럽지도 뻣뻣하지도 않게.	强弱剛柔間
위로는 주공과 공자의 교훈을 따르고	上遵周孔訓
거기에 더하여 노자와 장자의 말씀을 참고하라	旁鑒老庄言
맨 뒤에 쳐지면 채찍을 가할 것이며	不唯鞭其后
맨 앞에 달리면 멍에를 씌워라.	亦要軛其先

〔「遇物感興因示子弟」〕

 "지나치게 강하면 다치게 마련이고, 지나치게 약하면 업신여김을 받는다", "선두를 달리면 사방에서 질시하고 꼴찌로 달리면 무시를 당한다", "적당히 강약을 조절하고 선후를 조정하여 큰 낭패 보지 마라." 백거이가 칠십여 평생을 살면서 터득한 처세철학이다.

 어찌 보면 지나치게 소심하고 소극적인 듯 하지만 욕망이 충돌하는 가운데 선의와 정의만큼이나 모략과 질시와 음모와 불의가 점철된 세속에서 온전하게 삶을 향유하기 위해서 고려해보고 수용해 볼 수 있는 한 방도라 하겠다.

 다시 말해 권력과 명예와 부귀의 욕망에 브레이크를 걸어 예상할 수 있는 일탈과 비극을 최소화하고 자존과 분수를 유지하며 그런대로 무난하게 살아갈 수 있는 방법이다.

 방만하고 나태하면 주공과 공자의 말씀을 따라, 자신을 단속하고 성의를 기울이고, 욕망과 이해利害는 노자와 장자의 말씀을 따라 그것들에서 초탈하라. 오로지 세속의 성공을 꿈꾸는 사람은 이런 처세철학을 수용하기 어려울 것이다.

이러한 처세철학은 물론 백거이의 창안은 아니다. 하지만 백거이는 그 철학의 구현자로서 시공을 초월해 귀감이 된다. 백거이의 일생을 살펴보면 세상에서 물러나 은거한 적도 없었고 그렇다고 권력과 부귀에 눈이 멀어 위험을 무릅쓰고 정치권에 뛰어들지도 않았다. 치열한 당쟁의 와중에서 어느 한쪽도 편들지 않았다. 그러면서도 그런대로 현실을 소요하듯 살 수 있었던 것은 바로 유교·불교·도교를 융합한 처세철학을 조성하고 실천하였기 때문이었다. '중은'은 바로 유교·불교·도교를 융합한 결정체라 할 수 있다.

4. 떠나야 할 때 떠나다

떠날 때 떠날 줄 아는 것, 일견 쉬워 보이지만 막상 실천하기란 쉽지 않다. 더욱이 그것이 돈과 직위에 관련되어 있을 땐 더욱 그러하다. 그것이 남의 일일 경우엔 시퍼렇게 비판의 칼날을 세우고 벌겋게 욕을 하기 쉽지만 막상 자신의 문제가 되면 대부분 생각이 달라진다.

정년! 평생 일해 오던 직장을 하루아침에 떠난다는 게 어찌 그리 쉬우랴. 능력과 건강이 허락할 경우엔 더욱 그러하다. 마음은 아직도 이팔청춘이고 건강과 능력은 노익장을 과시할 수 있는데, 정년이라니! 그리하여 그간 쌓아온 경험과 경륜이 사회의 소중한 자산이 될 거라 자부하면서 떠나기를 주저한다. 하지만 제도는 일정한 연령이 되면 떠날 것을 규정하고 있다. 건강한 삶의 터전을 보전하기 위해 신진대사가 필요하기 때문이다.

당나라 때도 정년제도는 있었다. 옛날에는 정년퇴직을 치사

致仕라고 하였다. 임금으로부터 받은 벼슬을 돌려드린다는 뜻이다. 그러니까 치사는 조정에서 통보해서 이루어지는 것이 아니라 당사자의 자발적으로 관직을 그만둔다는 취지의 제도다.

치사는 70세로 규정되어 있었다. 평균수명이 70~80인 요즘 공무원들의 퇴직연령을 60세 전후로 규정하고 있는 것을 감안한다면 참 넉넉한 편이다. 그런데 본인이 원치 않을 경우 죽을 때까지 버틸 수도 있었다. 하지만 그럴 경우 인사적체로 후배들의 앞길이 막힐 수 있어 양식있는 관리라면 으레 70세 퇴임을 당연시했다.

그러나 그렇게 해야 한다고 생각하면서도 막상 본인의 일로 때가 되고 보면 생각이 달라진다. 잠시 양심을 외면하면 돈도 명예도 유지되거늘 뭘 그리 고지식하게 규정을 지키려 하는가. 두 눈 질끈 감고 두 귀 꽉 막아버리면 그만인 것을!

높은 이상을 품고 야심차게 일하던 젊은 날의 백거이, 그 시절 조정에는 돈과 명예를 탐내던 노신들이 득실거렸던지, 정년을 지키고 떠나야 할 때 미련없이 떠난 사람이 드물었던 모양이다. 그리하여 백거이는 당시의 세태를 날카롭게 지적하여 아래 시를 남겼다. 「정년이 되었는데도 퇴직하지 않다니!」.

나이 칠십에 공직에서 물러나는 건	七十而致仕
예법에 명문화되어 있는 일	禮法有明文
저 영화를 탐내는 자들	何乃貪榮者

어찌하여 그 말을 들은 척도 않는가?	斯言如不聞
가련토다 나이 팔구십이 되어	可憐八九十
이빨은 빠지고 두 눈은 흐리멍덩한데	齒墮雙眸昏
아침 이슬 내릴 때 명리를 탐내고,	朝露貪名利
석양이 질 때는 자손 걱정하는구나.	夕陽憂子孫
갓을 걸어 두려하니 푸른 갓끈 생각나고	挂冠顧翠緌
수레를 걸어 놓으려 하니 붉은 바퀴 아깝구나.	懸車惜朱輪
번쩍이는 금장金章을 허리는 이기지 못해,	金章腰不勝
곱사등이 하고서 궁궐문 들어선다	傴僂入君門
부귀 좋아하지 않는 사람 어디 있으랴?	誰不愛富貴
임금님께 은혜받기 누가 싫어하랴?	誰不戀君恩
나이 들어 늙으면 사직해야 하고	年高須告老
명예를 이루었으면 퇴직해야 하리	名遂合退身
소싯적엔 늙다리들 비웃더니만	少時共嗤誚
나이드니 그들과 똑같이 행동하는구나.	晚歲多因循
현명하도다 한나라의 두 소疏씨여,	賢哉漢二疏
그들은 유독 어떤 사람이었던가?	彼獨是何人
적막하구나 동문東門의 길에는	寂寞東門路
그들의 발자취 잇는 사람 없구나.	无人繼去塵
	〔「不致仕」〕

갓끈과 수레는 관리의 상징이다. 갓끈은 갓을 머리에 고정시키기 위해 매는 끈인데 신분, 특히 관리의 신분을 부각시키고, 수레는 관리가 타고 다니는 교통수단으로 역시 신분을 표상한

다. 따라서 갓끈을 풀고 수레를 걸어놓는 다는 것은 관직에서 물러나는 것을 의미한다. 한나라의 두 소疏씨는 숙질叔姪간인 소광疏廣과 소수疏受를 지칭한다. 두 사람은 적당한 시기에 함께 퇴직을 하여 많은 사람들의 칭송을 받았다.

한창 혈기왕성하게 조정에서 일할 때, 젊은 관리들은 나이가 들어도 퇴직하지 않고 자리만 차지하고 있는 늙은 대신들을 흉본다. 하지만 막상 나이 들어 자신의 일이 되고 보면 그들 역시 똑같이 행동한다.

백거이는 이러한 행태를 신랄하게 비판하고 있다. 그러나 아무도 내일을 장담할 수 없기에 슬그머니 걱정이 된다. 나도 늙어서 저런 추태를 보이면 어떡하나, 그런 생각을 하니 정신이 번쩍 든다. 그리하여 다시 한번 자신에게 다짐하면서 그 맹세를 아래와 같은 시로 나타내기도 하였다.

부귀는 사람들이 좋아하는 것이지만,	富貴人所愛
성인은 편안함을 버리고 미련 없이 떠난다.	聖人去其泰
그러기에 퇴직해야 할 나이를,	所以致仕年
『예기』에는 분명히 밝혀두었다.	著在禮經內
노자에는 또 가르침이 있나니,	玄元亦有訓
그칠 때를 알면 위험하지 않다고 하였다.	知止則不殆
두 소씨만이 실천에 옮길 수 있었으니,	二疏獨能行
그들의 발자취가 동문 바깥에 있도다.	遺迹東門外
맑은 풍조 사라진 지 이미 오래,	清風久銷歇

그로부터 천 년이 흐른 지금	洎此向千載
그런 사람 옛날에도 드물었으니,	斯人古亦稀
하물며 오늘 날은 두말할 필요없으리라	何況今之代
명리에 급급한 사람들,	遑遑名利客
허연 머리 늘어뜨리고 도처에 깔렸도다.	白首千百輩
오직 고복야만이 나이 칠십에,	惟有高僕射
수레 덮개 미련없이 걸어놓았다.	七十懸車蓋
내 비록 아직 젊지만,	我年雖未老
세월 가면 나 또한 늙으리라	歲月亦云邁
나이 칠팔십 넘어서도 영화를 탐내어,	預恐耄及時
물러나지 못할까 걱정스럽구나.	貪榮不能退
스스로 마음속으로 경고하노니,	中心私自儆
무엇으로 나에게 경계를 할까?	何以爲我戒
그리하여 고복야 기리는 시 한 편 지어,	故作僕射詩
혁대에 적어두노라.	書之於大帶
	〔「高僕射」〕

　백거이는 자신도 나이 칠 팔십을 넘기고도 영화를 탐내어 늙은 대신들처럼 퇴직하지 못할까 걱정이 된 것이다. 그리하여 그 결심을 허리띠에 기록하여 수시로 자신을 일깨우겠다는 것이다. 떠나야할 때 떠나고, 멈춰야할 때 멈추고, 버려야할 때 버리는 것, 말로는 쉽지만 행동으로 옮기기는 이렇듯 어려웠던 것이다. 그럼 백거이는 과연 훗날 이 다짐을 실천에 옮겼을까? 그렇다. 어렵지만 그는 실천에 옮겼다.

어제 또 오늘, 昨日復今辰
길고 긴 일흔 번의 봄. 悠悠七十春
지난 날 겪었던 수많은 일들, 所經多故處
돌이켜 생각하니 전생처럼 아득하다. 却想似前身
직책 없는 자리에 있으니 유유자적 한가롭게 늙고, 散秩優游老
한가롭게 사니 깨끗하게 가난하다. 閑居淨潔貧
술잔에는 맛난 술 있고 螺杯中有物
따듯한 새털외투 먼지 하나 없다. 鶴氅上無塵
인끈 풀고 관복의 혁대 거둬들이고 解佩收朝帶
이제는 평민 옷으로 바꿔 입었다. 抽簪換野巾
옷차림과 호칭이 모두 바뀌어 風儀與名號
또 다른 인생을 시작한 사람. 別是一生人

〔「昨日復今辰」〕

"길고 긴 일흔 번의 봄"은 백거이 나이 70임을 나타낸다. "인끈과 관복의 혁대 풀어놓고 평민 옷으로 바꿔 입었다"는 관리 생활에 종지부를 찍고 평민으로 돌아왔다는 사실을 의미한다. 이제는 옷차림도 호칭도 모두 바뀌어 새로운 인생을 사는 듯한 느낌이 들었던 백거이, 그는 자신과의 약속을 지켰던 것이다. 다시 「달재낙천행達哉樂天行」을 보자.

달관했구나 달관했어 백낙천이여
낙양에서 분사分司생활 십삼 년간 하였다.
이제야 칠십이 꽉 찼는데 관직은 진작 그만두었다.

퇴직 뒤 주는 반봉半俸 나오기 전에 타던 수레 먼저 거두어 치웠다.
때로는 상춘객과 어울려 봄나들이 가고
때로는 스님 따라 한밤중에 좌선한다.
이태 동안 집안일 까마득히 잊고 살았으니
뜨락엔 잡초 무성하고 부엌엔 불 때는 연기 적어졌다.
주방 심부름하는 아이 아침에 쌀과 소금 떨어졌다 알리고
하녀는 저녁에 옷에 구멍이 났다고 알리는구나.
처자식 근심하고 생질들 답답해 하지만
나는 거나하게 취해 누워 근심걱정 잊는다.
자리에서 일어나 너희들에게 생계를 마련해 주노니
많지 않은 재산 선후를 정해 처분하거라
우선 남방南坊에 있는 10무十畝의 채마전 팔아치우고
그 다음엔 동곽東郭에 있는 5경五頃의 전답을 팔거라.
그런 후에 살고 있는 집 함께 처분하면
아마도 이삼천은 마련할 수 있으리라
반은 너희들 의식비용 충당하고
반은 내 술값 안주값으로 쓰려고 한다.
내 나이 이미 일흔한 살
눈은 안 보이고 수염은 허옇고 머리는 어지럽다.
아마도 이 돈을 다 쓰지 못할 듯
이른 아침 이슬맞고 놀러가면 밤늦게 돌아오리
돌아오지 않고 바깥에서 자는 것도 나쁘지 않으리
배고프면 먹고 즐겁게 마시며 느긋하게 잠자리라
이 목숨 이제는 살아도 그만 죽어도 그만

달관했구나, 달관했어, 백낙천이여!

達哉達哉白樂天 分司東都十三年 七旬纔滿冠已挂 半祿未及車先懸
或伴遊客春行樂 或隨山僧夜坐禪 二年忘却問家事 門庭多草廚少煙
庖童朝告鹽米盡 侍婢暮訴衣裳穿 妻孥不悅甥姪悶 而我醉臥方陶然
起來與爾畫生計 薄産處置有後先 先賣南坊十畝園 次賣東郭五頃田
然後兼賣所居宅 勞勞獲緡二三千 半與爾充衣食費 半與吾供酒肉錢
吾今已年七十一 眼昏鬚白頭風眩 但恐此錢用不盡 卽先朝露歸夜泉
未歸且住亦不惡 飢飡樂飮安穩眠 死生無可無不可 達哉達哉白樂天
〔「達哉樂天行」〕

"내 나이 이미 일흔한 살", 즉 퇴직 뒤 1년 남짓, 그간 집안 일도 잊고 지내면서 때로는 봄나들이로 때로는 좌선을 하며 유유자적 살았다. 그런데 봉급이 끊겨 살림살이가 예전만 못하다. 처자식과 생질들의 얼굴엔 근심이 가득하건만 백거이는 짐짓 술에 취해 지낸다.

사정이 점점 어려워지자 처자식들에게 생활대책을 세워주는데 그것은 고작 전답과 가옥을 팔아 식량을 마련하라는 미봉책이다. 그것도 절반은 자신의 술값과 안주값으로 쓰겠단다. 그러고도 태평하게 이제 살아도 그만 죽어도 그만이라고 하며 자신이 달관했다고 자평한다.

그런데 이러한 진술 이면에는 곤경에 직면한 자신을 풍자하는 어조가 섞여 있기도 하다. 퇴직하지 않고 뻔뻔스럽게 어물쩍 자리에 눌러앉아 있었으면 이런저런 걱정 안 해도 되었거늘… 그런 사실을 왜 몰랐을까만 그래도 그는 선뜻 자리에서 물러났던 것이다. 자기와의 약속을 지키기 위해서였다.

당나라 제도에는 퇴직한 관리에게 월급의 절반을 지급하는 제도가 있었다. 이 시를 지을 때까지 백거이에게는 이른바 '반봉半俸'이 나오질 않았다. 월급쟁이가 월급 끊어지면 생활이 어려워지는 법, 그래서 백거이는 반봉이 하루바삐 나오기를 고대하면서 조정의 고관으로 있는 지인에게 청탁을 하게 된다. 아래의 시가 이러한 사정을 알려준다.

갓을 들어 올리고 흰 수염 쓰다듬으면서	抖擻塵纓捋白鬚
거나하게 취하여 일어나 사도에게 묻노라	半酣扶起問司徒
임금님께서는 조서를 내리셨는지요? 퇴직 후에도	不知詔下懸車後
술에 취해 춤추며 노래 부를 수 있게 해준답니까?	醉舞狂歌有例無
	〔「戲問牛司徒」〕

현직 고위관리로 있는 지인 우승유에게 반봉을 지급하라는 황제의 분부가 내려왔느냐고 알아보는 시이다. 직접 묻기는 쑥스러웠을 것이다. 그래서 백거이는 넌지시 돌려서 묻는다. 퇴식 후에도 여전히 술에 취해 춤추고 노래 부를 수 있도록 해줄 수 있는지를… 드디어 기다리던 반봉이 나오고 그에게 정식으로 퇴직 후의 명예직도 주어진다. 백거이는 그 사실을 「형부상서치사刑部尙書致仕」시로 남겼다.

열다섯 해를 낙양에 거주하였노라.	十五年來洛下居
불교인연 속세일 모두 어떻게 되었나	道緣俗累兩何如

미로에서 마음을 돌린 것은 불교 때문이고	迷路心回因向佛
관리살이 그만둔 건 정년 때문이라네.	宦途事了是懸車
온 가족 은둔해도 근심걱정 없고	全家遁世曾無悶
반봉으로 생활비는 넉넉하다네.	半俸資身亦有餘
사람들은 내게 내려진 관직이 무엇인지 몰라	唯是名銜人不會
비야장자 백상서라 부르는구나.	毗耶長者白尙書

 위에서 소개한 시 「달재낙천행」에서 낙양에서 생활한 지 13년이 되었다고 하였고 그 때 나이가 71살이라고 하였으니 이 시 「형부상서치사」를 지은 것은 낙양에서 거주한 지 15년 되던 해, 즉 73세임을 알 수 있다. 그러니까 백거이는 70세에 퇴임한 뒤 3년이 지난 73세가 되어서야 비로소 조정으로부터 정식치사관의 직함을 받았고 그에 맞는 예우 '반봉'을 받았던 것이다.
 퇴직하기 전, 백거이에게는 병마가 종종 찾아와 괴롭히곤 하였다. 그라 해서 어찌 병마를 반겼겠는가? 한때는 불로장생을 꿈꾸며 단약도 복용해 보았다. 하지만 부질없는 일임을 깨닫고 즉시 약을 끊어버린다. 병들면 병든 채로 그 상황을 인정하고 순응하였으며, 서서히 신변정리를 시작한다. 그 가운데 두고두고 후대 문인들에게 회자되었던 유명한 일화가 있다.
 평소 그가 아끼던 기생 번소를 자유롭게 보내주고, 아끼던 말도 팔아버린 일이다. 당시 문인들은 경제적 여건만 허락되면 집에다 가기家妓를 둘 수 있었다. 엄격한 일부일처와 성매매 행위를 금지하는 요즘과는 완전히 다른 시대였다.

기생은 문인들의 풍류생활에 맛과 멋을 더해 주는 만능 엔터테이너였다. 시적 영감을 불러일으켜 주고 주흥을 돋구어 주며 즐거움을 선사하는 유일한 이성 친구 역할을 해주었던 것이다. 다정다감하고 풍류를 즐길 줄 알았던 백거이, 그 역시 58세를 전후해서 경제적 여유가 생기자 노래와 춤을 잘하는 기생을 집에다 두고 낭만과 풍류를 즐겼다. 그러나 68세에 풍으로 마비가 오자 그가 아끼던 말도 팔아버리고 애첩 번소樊素와 소만小蠻도 놓아주었다. 늙고 병들어 죽어서까지도 애첩을 곁에 붙들어 두었다가 무덤까지 끌고 가고 싶어 하는 게 일반남성들의 속성이었던가? 후세 문인들은 두고두고 이 일화를 이야기하면서 백거이의 달관을 찬미하고 있으니 말이다.

우선 애첩 번소(일명 楊柳枝)를 풀어주고 아끼던 말을 팔면서 지은 「불능망정음不能忘情吟」을 보자.

낙마를 팔고 양류지를 놓아주려 하니	鬻駱馬兮放楊柳枝
고운 아미 눈물 흘리고 낙마도 머리를 조아린다.	掩翠黛兮頓金羈
말 못하는 말은 히힝 울며 되돌아보고	馬不能言兮長鳴而却顧
양류지는 재배 뒤 무릎 꿇고 작별을 고한다.	楊柳枝再拜長跪而 致辭
주인님께서는 이 말을 오년 동안 타셨지요.	辭曰 主乘此駱五年
천팔백 일 동안 재갈을 물고 굴대에 매여	凡千有八百日 銜橛之下
주인님을 놀래킨 적도 도망친 적도 없었지요.	不驚不逸
제가 주인님을 모신지는 어언 십년.	素事主十年
삼천육백 일 동안	凡三千有六百日

머리 빗고 세수하실 때	巾櫛之間
한 번도 주인님의 뜻을 어기지 않았습니다.	無違無失
이제 제 모습 비록 곱지는 않으나	今素貌雖陋
아직 늙지 않았고	未至衰摧
낙마는 아직 힘도 세고	駱力猶壯
병 또한 없습니다.	又無疕瘣
낙마는 그 힘으로	即駱之力
아직은 주인님 걷는 수고 대신 할 수 있고	尚可以代主一步
저는 노래로	素之歌
주인님께 술잔을 권할 수 있습니다.	亦可以送主一杯
우리 모두 하루아침에 떠나버리고 나면	一旦雙去
다시는 돌아오지 않을 것입니다.	有去無回
막상 떠나려니 그래서 제 마음 괴롭고요	故素將去 其辭也苦
낙마도 그래서 슬피 우는 거랍니다.	駱將去 其鳴也哀
이것이 제 마음이요	此人之情也
또 말의 마음입니다.	馬之情也
아 주인인들 어찌 무정하겠는가?	豈主君獨無情哉
고개 숙이고 탄식하다가	予俯而嘆
하늘을 우러러보며 껄껄거린다.	仰而哈 且曰
낙마야 낙마야 울지 말거라,	駱駱爾勿嘶
번소야 번소야 훌쩍이지 말거라.	素素爾勿啼
낙마야 너는 마굿간으로 돌아가고	駱反廐
번소야 너는 방으로 돌아가라.	素反閨
내 비록 병들고 나이는 많지만	吾疾雖作 年雖頹

다행히 항우처럼 죽지는 않으리니	幸未及項籍之將死
어찌 하루 아침에	何必一日之內
추마를 버리고 우희와 이별할쏘냐?	棄騅兮而別虞兮
번소야 번소야 날 위해	乃目素兮素兮
양류가나 불러다오.	爲我歌楊柳枝

위의 시 「불능망정음」은 요즘 말로 "아 징한 정아!" 이쯤 될 것이다. 정이란 무엇이길래 이토록 마음을 찡하게 하는 걸까? 정을 뗀다는 건 참으로 어려운 것임을 서사적으로 읊은 시다.

때로는 낙마의 마음을 대변하고 때로는 번소의 마음을 대변하면서 정을 끊고 헤어지기 어려운 마음을 절절하게 묘사하였다. 시의 마지막에서는 사면초가에 몰려 최후를 맞이하면서 죽기 직전 애첩과 애마를 죽였던 항우의 매정한 결단과 시인의 모질지 못한 마음을 선명하게 대비시켜 따스한 인간미를 부각시켰다.

아래의 두 시도 말과 애첩을 떠나보내는 아쉬운 심정을 노래한 시다.

버드나무 두 그루 작은 누대 속에서,	兩枝楊柳小樓中
한들한들 오래 동안 취옹을 모셨노라.	嫋嫋多年伴醉翁
내일이면 모두 집으로 돌아가게 하리니,	明日放歸歸去後
이제는 이 세상에 봄바람 필요 없으리.	世間應不要春風

오년 동안 꽃그늘 아래서 술에 취해 말 탔는데	五年花下醉騎行

타던 말 팔려니 히힝 울어대누나.　　　　　　　　臨賣回頭嘶一聲
항우도 추마를 돌아보며 탄식했거늘　　　　　　項籍顧騅猶解歎
나라고 낙마와 헤어지며 어찌 아쉬움이 없을까?　樂天別駱豈無情

  첫번째 시는 소만과 번소 두 애첩을 돌려보내기 전에 지은 시로서 그들이 떠나고 나면 늘그막의 여생이 더 쓸쓸할 것임을 노래한 것이고, 두 번째 시는 애마를 팔 때의 아쉬움을 노래한 것이다. 늙고 병든 주제에 노탐을 부려 애첩과 애마를 계속 옆에 붙들어둔다고 누가 욕을 하는 것도 아니요, 또 그것을 팔아서 가계에 보태 쓸 것도 아니건만 백거이는 과감히 아끼던 두 기생을 돌려보내고 말도 팔아치운 것이다. 분수에 맞는 삶을 추구하고자 하는 안분지족의 철학, 시인의 인격이 빛을 발하는 대목이다.
  두 애첩을 떠나보낸 뒤 이따금 그녀가 생각났는지 다음과 같은 시를 쓴 적도 있다.

버들도 늙고 봄도 깊고 해조차 기울어　　　　　柳老春深日又斜
다른 집으로 날아가게 내버려 두었었지　　　　任他飛向別人家
누가 아이들의 술래잡기 놀이 배워　　　　　　誰能更學孩童戲
봄바람 좇아가서 버들 꽃을 찾아올까?*　　　　尋逐春風捉柳花

  *시 제목은 -前有「別柳枝」絕句 夢得繼和 云;"春盡絮飛留不得 隨風好去落誰家"又復戲答임.

  버들은 양류지를 은유한 것이다. 세월은 가고 나이는 자꾸만

들어가는데 병든 몸으로 그녀를 더 이상 붙잡아 둘 수 없기에 다른 집으로 가도록 놓아준 것이다. 그런데 문득문득 그녀 소식이 궁금해진 것이다. 꼭꼭 숨어버린 그녀, 술래잡기 잘하는 아이들처럼 찾아낼 수는 없을까? 그녀를 내보낸 것이 후회스러웠던 걸까? 아니다. 그저 궁금했을 따름이다. 십 년 동안 시인의 풍류생활의 일부를 차지해 왔던 그녀를 어찌 컴퓨터 포맷하듯 깨끗이 지워버릴 수 있겠는가!

전국시대의 사상가 고자告子는 인간의 가장 기본적인 욕망을 식과 색이라고 말한 바 있다. 색을 초월한 이상 무엇에 더 집착할까? 이제는 육신을 찾아온 병마저도 긍정적으로 편안하게 생각하는 시인의 모습을 다음의 시에서 볼 수 있다.

눈이 어두워지니 자려 하면 편히 눈이 감기고　目昏思寢卽安眠
다리에 힘없으니 걷기는 불편해도 좌선하기 좋아라. 足軟妨行便坐禪
몸은 의왕醫王되고 마음은 약이 되었으니　　　身作醫王心是藥
화타와 편작 같은 명의 집으로 부를 필요 없으리. 不勞和扁到門前
〔「病中五絶 其四」〕

눈은 침침해서 잘 보이지 않고 다리는 힘이 없어 걷지 못할 정도로 불편한 시인, 이쯤 되고 보면 짜증도 낼 법하건만 신체적 불편함을 오히려 긍정적으로 생각하는 시인, 가히 달관의 달인이라 하겠다.

마지막 두 구절은 몸과 마음이 모두 속세의 현상을 초월하였으니 병을 고치기 위해 화타나 편작 같은 명의를 따로 청할 필요가 없다는 뜻이다. 병마의 고통을 초월한 시인의 허허로운 마음이 느껴지는 명구이다.

친구들이여! 진정 날 걱정 마시게	交親不要苦相憂
이따끔 억지로 놀이라도 나간다면	亦擬時時强出遊
마음만 있으면 족하지 다리가 무슨 소용 있겠소	但有心情何用脚
땅에서는 가마타고 물에서는 배를 타리	陸乘肩輿水乘舟

〔「病中五絶 其五」〕

산수유람과 놀이는 다리로 하는 게 아니라 마음으로 하는 것이라고 시인은 말한다.

마음대로 걸어다니며 구석구석 돌아보고 싶은 게 유람자의 욕심이거늘, 병마 때문에 그렇지 못한 처지가 된 것이다. 보통 사람이라면 아마 한숨 푹푹 쉬고 팔자타령 하면서 하늘을 원망할는지도 모른다. 하지만 시인은 이미 운명에 순응하고 현실에 초연한 상태. 이 없으면 잇몸으로 씹는다는 낙관적인 생각으로 일체의 현상을 순순히 받아들인다. 후대 문인들이 백거이를 존경하는 원인의 하나이기도 하다.

이렇듯 현상에 만족하며 안분지족의 삶을 영위했다고 해서 현실을 완전히 외면하고 자신만의 세계에 몰입하였다는 건 아니다. 젊은시절 황제를 보필하여 백성들이 행복한 삶을 영위할 수 있도록 올바른 정치를 펼쳐보겠다는 야심찬 포부를 가졌던 그였기에, 입으로는 세속의 정치를 모두 잊었노라고 외쳤지만 여전히 백성들의 고통스런 삶을 외면하지는 못했다.

그리하여 그는 죽기 전, 사재를 털어서 마을주민들의 목숨을 종종 앗아갔던 험난한 팔절탄八節灘 확장공사를 벌이기에 이른다. 좁은 팔절탄을 파고 확장하여 암초를 제거하고 험난한 물살을 잔잔하게 만든 일이다. 그의 나이 73세, 죽기 2년 전의 일이었다.

팔절탄 공사를 마치고 난 뒤 그 감회를 읊은 시를 보자.

일흔세 살 늙은 노인 언제 죽을지 모르는 몸	七十三翁旦暮身
험난한 물길 순탄하게 넓혀주리라 맹세했지	誓開險路作通津
야밤 지나던 배 이제는 더 이상 전복되지 않으리	夜舟過此無傾覆
아침에 찬 물 건너던 종아리 이제는 고생 면하리	朝脛從今免苦辛
십 리 울부짖던 거센 물결 은하처럼 고요하리	十里叱灘變河漢
감옥처럼 차가운 물결 봄날치럼 따듯해지리	八寒陰獄化陽春
내 비록 몸은 없어져도 마음은 길이 남으리니	我身雖沒心長在
남 몰래 자비 베풀어 후세사람에게 주노라.	暗施慈悲與後人

팔절탄은 워낙 물길이 좁고 험난하여 밤에 이 곳을 지나던 배들이 전복되기 일쑤였고, 추운겨울 이 곳을 맨발로 건너는 사람들을 고통스럽게 했다. 인정 많은 백거이가 어찌 이를 모

절제와 지족, 나눔의 삶을 실천하고 75세를 일기로 낙양 향산사에 묻힌 백거이. 지금 그의 무덤은 낙양 향산 백원白園 안에 있다.

르는 체할 수 있었으랴? 젊은 시절, 정치의 혁신을 통해 백성들의 삶을 개선시켜 주고 싶었던 포부를 지녔던 그가 어찌 마을 주민의 고통을 외면할 수 있었으랴? 여의치 않은 정치적 환경으로 인해 적극적인 정치참여의 길을 포기하고 중은생활에 안주하여 안분지족의 삶을 택하였던 그였기에, 오랫동안 세상을 외면하고 살아온 마음의 회한과 자책을 이런 식으로나마 탕감하고 싶었는지도 모른다.

퇴직한 후, 75세를 일기로 죽어서 낙양 향산사에 묻히기까지 그간의 신산한 생활을 어찌 말로 다 형언할 수 있을까만, 불교와 노장사상, 술과 산수에 파묻혀 욕심을 누르고 근심걱정 훌훌 털어버리면서 지족의 삶을 살면서도 끝내 불쌍한 백성들에 대한 연민을 떨쳐버릴 수 없었던 백거이. 그의 절제와 지족, 나눔의 삶은 물신주의에 젖어 끝 갈 데 없이 욕심을 부리는 사람들에게 고아한 삶의 향기와 더불어 지혜롭고 떳떳한 삶을 일깨워 주는 한 줄기 청량한 바람이다.

───── ○ 5.
난초처럼 향기롭고
금석처럼 굳센 우정

　인간이 일생을 행복하게 사는 데에 가장 필요한 것이 우정이라는 격언이 있다. 위대한 우정은 깊이와 넓이가 무한하며 꿈과 목숨과 영혼까지도 함께 나누게 한다고 한다. 우리는 그 한 사례로 백아와 종자기의 고사를 떠올릴 수 있다. 종자기는 백아의 연주소리만 들어도 백아가 무엇을 생각하는지 꿰뚫을 정도였다고 한다. 종자기가 죽자 백아는 거문고 줄을 끊고 다시는 연주를 하지 않았다. 진정한 소울메이트를 잃은 뒤 연주가로서의 삶이 무의미하다는 것을 너무나 잘 알았기 때문이다.

　백거이에게도 평소 알고지내면서 시문을 주고받은 사람은 약 240여 명이나 된다. 그 중 왕래가 잦았던 사람은 28명이다. 그 중 평생을 친하게 지냈던 친구는 원진·유우석·최현량·이건 등 4명이었다. 4명 중에서 원진과 유우석은 백거이의 창작 활동에 지대한 영향을 끼쳤으며 백거이와 시를 가장 많이 주고

받았다. 원진과 서로 주고받은 시모음집으로는 『원백창화집元白唱和集』이 있고, 유우석과 주고받은 시문집으로는 『유백창화집劉白唱和集』이 있다. 백거이는 원진과의 우정을 스스로 이렇게 표현했다.

형제처럼 사랑하고	旁愛及兄弟
가족 못지않게 좋아하였네	中歡迨家室
송죽松竹과 금석金石도	松筠與金石
우리 우정처럼 단단하지 못하였네.	未足喩堅密
	〔「和寄樂天」〕

송죽과 금석보다 더 굳세고 단단했던 그들의 우정은 득이 되면 사귀고 해가 되면 거들떠보지 않는 속물들의 사교와는 달랐던 것이다. 원진(779~831)은 자가 미지微之, 백거이보다 일곱 살 어리다. 요즘이야 한두 살 어려도 깍듯이 선배님 혹은 형·언니라고 대접하는 세상이지만 옛날사람들은 망년지교忘年之交라 하여 나이를 초월하여 교제를 하였다. 두보 역시 이백보다 열한 살이나 적었지만 그들은 한 이불을 덮고 자면서 세상사를 고민하기도 하였고 술잔을 기울이며 시를 논의하였다.

이미 앞에서도 언급되었지만 원진과 백거이는 이부에서 주관하는 과거 서판발췌과書判拔萃科에 응시하면서 만나〔백거이 나이 31세, 원진 나이 24세, 802년〕 둘 다 시험에 합격하여 교서랑이라는 관직을 받았다. 이후 두 사람은 승진시험 제과에 응시하기 위

백거이의 지기 원진. 금석과 송죽도 백거이와 원진의 우정만큼 단단하지 못했다.

해 도관 화양관에 들어가 같이 시험준비를 하며 오늘의 통합논술에 해당하는 책림策林 75편을 지었으며〔백거이 나이 35세, 원진 28세 때. 806년〕, 또 나란히 재식겸무명어체용과才識兼茂明於體用科에 합격하기도 하였다. 이 시험에서 원진은 3등, 백거이는 4등이었다. 원진은 좌습유에 임명되었고 백거이는 주질위가 되었다.

원진은 중앙정부에 남았으나 백거이는 중앙정부에 남지 못하였다. 성격이 강직하고 잘못된 일은 그냥 넘기는 성격이 아니어서 신랄하게 비판하였기 때문이다. 그래도 황제는 백거이를 인재로 인정하였기 때문에 요즘으로 치면 수도권의 군수로 발령을 냈던 것이다. 오래지 않아 원진 역시 좌습유 자리에서 쫓겨나 하남현위河南縣尉가 되었다. 그 또한 바른말을 하다가 주변사람들에게 미움을 받은 것이다. 이렇듯 백거이와 원진은 성향이 비슷하였기 때문에 의기가 투합할 수 있었다.

『공자가어孔子家語』에 다음과 같이 공자 말씀이 기록되어 있다.

착한 사람과 함께 있는 것은 마치 지초와 난초가 있는 방으로 들어간 것 같아 오래되면 향기를 맡지 못하니 이는 향기가 몸에 배어서 그런 것이다. 나쁜 사람과 함께 있는 것은 마치 생선가게에 들어간 것 같아 오래되면 그 냄새를 맡지 못하니, 이 또한 냄새가 배어서 그런 것이다.

> 與善人居, 如入芝蘭之室, 久而不聞其香, 卽與之化矣. 與不善人居, 如入鮑魚之肆, 久而不聞其臭, 亦與之化矣.

그렇다. 같은 성향의 사물은 함께 있으면 동화되어버리게 마련이다. 백거이도 원진도 불의 앞에서는 눈을 감거나 입을 닫을 수 없었던 것이다. 그것이 비록 출세에 지장이 된다 할지라도 그랬다. 하시만 정신이 똑바로 박힌 군주라면 인재를 알아보는 법. 원진은 오래지 않아 감찰어사로 발탁되었고, 백거이 역시 중앙정부로 들어와 좌습유에 임명되었다.

그러나 백거이도 원진도 너무나 강직하였고 불법이 난무하는 꼴을 두고 보지 못했던지라, 비리만 있으면 파헤치고 고발하였으니 당사자들이 좋아할 리 없었다. 원진은 세도를 부리는 자를 두려워하지 않고 그들의 위법을 탄핵하였고 요즘 우리나라 경기도지사에 해당하는 하남윤河南尹 방식이란 자가 저지른 불법을 낱낱이 조사하여 직위해제시켰다. 조정대관들은 원진이 너무 방자하고 안하무인으로 일을 처리한다면서 조정으로 소환하였다.

앞에서 언급한 대로 장안으로 가는 도중 부수역에 쉬려고 들렸는데 그보다 한발 늦게 온 환관 유사원이 특실을 내놓으라면서 원진을 능멸하는 사건이 발생하였다. 이해집단 사이의 알력이 상대방 길들이기 내지 기싸움으로 번진 것이다. 재상은 원진이 감찰어사로서의 체통을 지키지 못하고 망신당한 것을 문책하여 지방의 한직으로 강직시켰다.

백거이 역시 좌습유로 있는 동안 직언으로 시정의 득실을 지적하고 당권자들의 비리를 파헤쳐 많은 원성을 샀다. 그 결과 그 역시 임기만료와 함께 실권없는 자리로 밀려났다. 신하된 자의 어려움과 이상과 포부를 실현하는 일이 얼마나 요원한가를 절실히 깨닫는 계기가 되었다. 하지만 현실과 부딪히고 난 뒤, 백거이와 원진이 선택한 처세의 길은 확연히 달랐다.

원진은 현실과 타협하였고, 그가 증오했던 세력들과 가까이 지내면서 권력의 핵심부로 진입하여 변절자라는 오명을 얻었다. 백거이는 현실과 이상을 적당히 절충하여 권력의 핵심부로 나가지도 않았고, 또 그렇다고 완전히 정치권을 떠나 은거하지도 않았다. 정치권에 머물면서 아름다운 산수를 모방한 정원을 만들어놓고 유유자적하였다. 그리고 친구가 선택한 길에 대해

이러쿵저러쿵 비난도 비호도 하지 않았다.

원진은 당시의 명망 높은 재상 배도와 권력다툼을 벌인 결과 두 사람 모두 재상자리에서 물러나게 되었고 이로 인하여 원진에 대한 평판이 아주 좋지 않았다. 백거이는 배도를 존경하였지만 원진 또한 둘도 없이 아끼는 친구였다. 보통사람 같으면 이런 경우 양쪽과 원만한 관계를 유지하면서 어느 한쪽편도 들지 않기란 힘들 것이다. 그러나 백거이는 어느 한쪽도 편들지 않았으며 어느 한쪽으로 해서 곤란한 상황에 빠지지도 않았다. 그러니까 원진 때문에 정치적으로 곤란한 지경에 처하지도 않았고 또 배도와의 관계 때문에 원진과 소원해지지도 않았던 것이다. 백거이의 탁월한 처세를 여기에서 볼 수 있다.

이렇듯 정치권에서 선택한 길은 달랐지만 둘의 우정은 변함이 없었다. 기쁜 일이든 슬픈 일이든 시로써 마음을 주고받았다. 시 짓는 일에 있어서 둘은 경쟁심리가 발동하여 수많은 창화시를 주고받았다.

이러한 창회풍조는 중국문학사에 있어서 이전에 없었던 일이었으며 그 이후 창화시의 발전에 심원한 영향을 끼쳤다. 그러나 더 중요한 것은 실용주의 문학을 중시하여 인생을 위한 문학을 주장, 신악부운동을 전개하였다는 점이다.

신악부운동의 창시자는 사실 백거이가 아니라 이신李紳이다. 이신 역시 백거이의 친한 벗인데 키가 작았던지 백거이는 그를 '단리短李'라고 종종 불렀다. 이신이 먼저 신제악부 20편을 썼고 원진은 그 중에서 시급한 정치·사회 현안을 읊은 시 12수를 골라서 화답하였다. 백거이는 원진의 12편에다 38편을 더 보태어 50수를 지었으며 아울러 체계적인 신악부이론을 만들어 신악부운동의 대표적인 인물이 되었다.

백거이와 원진은 이렇듯 문학관으로도 그 뜻을 함께 하였다. 그들은 좋은 점도 비슷했고 나쁜 점도 비슷했다. 즉 둘 다 지나치게 시의 내용을 강조한 나머지 형식을 소홀히 하여 뜻은 명확하지만 함축성이 떨어지는 경향이 있다. 그래서 후세 사람들은 '원경백속元輕白俗' 넉 자로 그들 문학의 특색을 지적한다.

원진 역시 백거이 못지않게 시를 좋아하였고 아끼는 친구 백거이를 위해 손수 문집을 편찬해 주고 서문까지 써주었다. 백거이 53세 때의 일이었다. 백거이는 장경 2년에 재상이 된 원진을 위해 그 대신 「사관표謝官表」를 지어주었다. 백거이 나이 60세 되던 해 원진은 53세를 일기로 세상을 떴다. 그를 잃었을 때의 슬픔을 '원진의 죽음을 슬퍼하며'라는 의미의 「곡미지哭微之」를 읊었다.

팔월 차가운 바람 흰 장막에 불어오는데	八月凉風吹白幕
침문 복도 아래서 그대 위해 통곡하노라.	寢門廊下哭微之
처자와 친구들 모두 조문하러 왔는데	妻孥朋友來相弔
하늘만이 그대 죽음 알지 못하는 듯.	唯道皇天無所知
뛰어난 문장은 천하에 대적할 자 없었고	文章卓犖生無敵

빼어난 풍골은 죽어서도 신령스러우리라.　　風骨英靈歿有神
이제 함양의 북원으로 그대 전송하노니　　哭送咸陽北原上
머지않아 한 줌의 먼지가 되리라.　　可能隨例作灰塵

한창 혈기왕성할 때, 이상추구를 위하여 몸 사리지 않고 국정을 비판하고 부조리를 바로잡으려 했던 젊은 날의 친구가 원진이라면, 인생의 쓴맛단맛 다 겪고 마음 비우고 분수 지키며 살고자 할 때 시문을 주고받으며 서로에게 위안이 되어 주었던 친구가 바로 유우석劉禹錫이다.

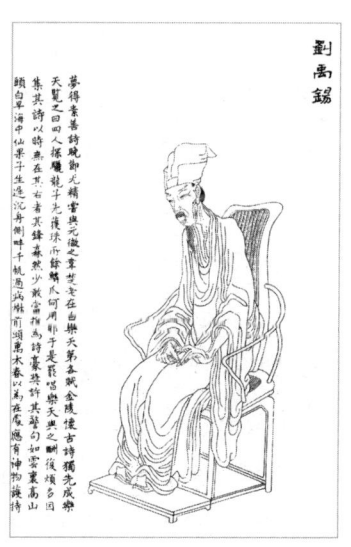

백거이와 유우석은 활과 화살처럼 어느 하나만 없어도 존재의 의미가 사라지는 그런 친구였다.

유우석(772~842)의 자는 몽득夢得, 백거이와 동갑내기이며 백거이보다 7년 먼저 22세 되던 해에 진사과에 합격하였다. 24세에 박학홍사과에 합격하였으며 31세에 감찰어사가 되었다. 이 때 백거이는 장안에서 막 서판발췌과에 합격하였을 뿐 교서랑으로 임명되기 직전이었다. 백거이보다 출세가 빠른 편이었다. 백거이와 유우석이 서로의 존재를 알고 사귄 것은 바로 이 때였다.

그러나 유우석은 당시의 실력자 왕숙문과 교류하면서 정치개혁운동에 적극 가담하여 개혁운동을 추진하였다. 그러나 개혁운동이 실패로 끝나고 왕숙문이 실권하자 연주자사로 강직되었다. 그 이후 23년 동안을 장강 이남지역을 전전하면서 불우한 좌천생활을 하였다.

이렇듯 유우석과 백거이는 우정이 무르익기도 전에 24년간을 떨어져 있었던 것이다. 물론 그 사이에 백거이도 강주·충주 등 강남지역으로 좌천되기도 했지만 둘이 만날 기회는 별로 없었다.

그러다가 826년, 백거이가 소주자사를 마치고 장안으로 돌아오던 중, 양주에서 유우석을 만난다. 유우석은 화주자사를 마치고 낙양으로 돌아가던 길이었다. 30대 초반에 만났다가 23년 후, 55세 때 다시 만난 것이다. 오랜만의 만남과 감회를 두 사람은 시로 읊었다.

다음은 백거이의 시다.

그대 날 위해 술잔 가득 부어주니	爲我引杯添酒飮
젓가락으로 장단맞추며 노래부르노라	與君把箸擊盤歌
시 짓는 재주 최고지만 모두 부질없으니	詩稱國手徒爲爾
사나운 그대 운명 어찌할 수 없구나.	命壓人頭不奈何
그대 없는 산천풍광 언제나 적막했고	擧眼風光長寂寞
조정에 관리 가득하건만 그대만이 불우했구나.	滿朝官職獨蹉跎
재주가 탁월하니 불행해도 마땅하리	亦知合被才名折
하지만 23년 귀양살이, 해도 너무했구나.	二十三年折太多

〔「醉贈劉二十八使君」〕

유배나 다름없는 지방관리 생활을 23년이나 한 유우석을 위로한 "재주가 탁월하니 불행해도 마땅하리"에서 우리는 백거이의 따뜻한 우정뿐만 아니라 중은이 간접 관련되어 있다는 걸 느끼게 된다. "친구여, 자네는 너무나 재주가 많고 잘났기에 시기와 질투를 받아 운명이 사나울 수밖에 없었노라… 너무 똑똑하고 바르면 흔들어대고 중상하는 사람들이 많은 법, 그래서 자네 이렇게 고생한 것 일세…" 백거이의 따뜻한 위로를 받은 유우석은 아래와 같은 시를 지어 고마움을 표시하였다.

파촉 산 촉나라 강 처량한 땅에	巴山楚水凄涼地
23년 버려졌던 나의 신세여	二十三年棄置身
고인 된 옛 친구 그리워 슬픈 노래부르고	懷舊空吟聞笛賦
오랜만에 돌아온 고향 다른 세상 같구나.	到鄕翻似爛柯人
침몰한 배 옆으로 뭇 돛단배 지나가고	沉舟側畔千帆過

병든 나무 앞에는 온갖 나무 꽃 피웠네　　　　病樹前頭萬木春
오늘에야 그대 노래 한 곡조 들으면서　　　　今日聽君歌一曲
잠시 한잔 술로 용기 북돋우노라.　　　　　　暫凭杯酒長精神
〔「酬樂天揚州初逢席上見贈」〕

　　23년 만에 돌아와보니 친구들은 거의 고인이 되어버렸고 고향조차 낯설다. '침몰한 배' '병든 나무'는 유우석 자신의 비유이며, 잘 달리고 있는 다른 배들, 눈부신 꽃을 피우고 있는 다른 나무들과의 선명한 이미지 대비가 돋보인다. "오늘에야 그대 노래 한 곡조 들으면서 잠시 한잔 술로 용기 북돋우노라"에서 볼 수 있듯 유우석에게 백거이의 시는 큰 위로가 되었을 것이다.
　　이렇게 다시 만난 백거이와 유우석은 그 뒤 장안에서 함께 근무를 하면서 더욱 많은 시문을 주고받았다. 둘만이 주고받은 시문을 편집하여 『유백창화집劉白唱和集』이라 이름했다. 백거이는 작품만 주고받은 게 아니라 유우석의 탁월한 예술풍격까지 배우고자 하였다. 이러한 태도는 다음 인용에서도 잘 알 수 있다.

　　나는 예전에 원미지와 시를 주고받은 것이 꽤 많았네. 그 중 어떤 것은 사람들이 즐겨 낭송하기도 하였지. 나는 종종 미지에게 우스갯소리를 하곤 했지. "그대와 20년 동안 시문을 주고받으면서 친구가 되기도 하고 적수가 되기도 한 것은 다행이기도 하지만 불행이기도 하였네. 성정을 읊조려서 명성을 떨치고, 무아의 경지에 빠져 즐거워서 늙는 것도 잊은 건 다행스런 일이었으나 강

남의 젊은이들이 덕망 있고 재주 있는 사람을 꼽을 때 늘 그대와 나를 나란히 거론하였으니 그대 때문에 내가 오나라·원나라 지역에서 독보적인 존재가 못된 건 불행이었네."

그런데 이제 또 늘그막에 몽득 자네를 만났으니 불행이 겹친 게 아니고 무엇이겠는가? 아 몽득이여, 글 가운데서 신묘하기로 치면 시가 최고인데, 그 중 신묘하기로 따지면 내가 어찌 자네만 하겠는가? 자네의 "하얀 눈 속 높은 산은 꼭대기가 가장 먼저 하야지고, 바다 가운데 봉래산의 선과仙果는 열매가 가장 늦게 열린다오"와 "침몰한 배 옆으로 온갖 배 지나가고, 병든 나무 앞에는 온갖 나무 꽃 피웠네"*와 같은 시구는 참으로 신묘하지.

> 予頃以元微之唱和頗多, 或在人口. 常戱微之云, 僕與足下二十年來爲文友詩敵, 幸也亦不幸也. 吟咏情性, 播揚名聲, 其適遺形, 其樂忘老, 幸也. 然江南士女, 語才子者, 多云元白, 以子之故, 使僕不得獨步於吳越間, 亦不幸也. 今垂老復遇夢得, 得非重不幸耶. 夢得, 夢得, 文之神妙, 莫先於詩, 若妙與神, 則吾豈敢如夢得, 雪裏高山頭白早, 海中仙果子生遲. 沉舟側畔千帆過, 病樹前頭萬木春之句之類, 眞謂神妙.

*원문은 "雪裏高山頭白早, 海中仙果子生遲"인데 이 시구는 유우석이 늙도록 아들이 없는 신세를 한탄한 백거이의 마음을 위로한 시구이다. "沉舟側畔千帆過, 病樹前頭萬木春"는 유우석이 자신의 불우한 인생역정을 한탄한 시구이다.

아! 안타깝게도 미지가 나보다 먼저 저 세상으로 가버렸으니 이제 내 시벗[詩友] 가운데 막강한 맞수는 몽득 자네가 아니면 누가 있겠는가? 우리 서로 시로써 화답한 것이 피차 한두 번이 아니었지. 그대는 비록 공격할 틈을 주지 않았지만 나 역시 이기지 않으면 그만두지 않았었지. 팽팽하게 맞서다 싸움을 그만두었을 뿐 격률에 어긋난 적이 한 번도 없었지. 그러나 훌륭한 시구와 감동적인 시편은 대부분 그대와 시를 주고받다가 얻은 것으로, 다른 사람들은 나를 계발시켜 주지 못했다네. 그렇기 때문에 그렇게 애지중지하였던 것일세.

> 嗟乎, 微之先我去矣, 詩敵之勍者, 非夢得而誰? 前後相答, 彼此非一. 彼雖無虛可擊, 此亦非利不行. 但止交綏, 未嘗失律. 然得雋之句, 警策之篇, 多因彼唱此和中得之, 他人未嘗能發也. 所以輒自愛重.

이상에서 알 수 있듯 백거이가 유우석을 인정하고 좋아한 이유는 그가 지니지 못한 다른 풍격을 지니고 있었기 때문이다. 백거이 시의 문제점은 노골적이고 직설적이며 번다하고 과격하다는 것이었다. 이는 젊었을 적부터 가졌던 소신, 즉 누구나 이해할 수 있는 시를 쓰겠다는 시론과 관계있지만 그의 단점도 이 때문에 생겼다고 할 수 있다.

함축적이고 오묘한 시어는 다의성과 애매성이 개재되어 예술성이 뛰어날 수 있겠지만 바로 그 때문에 불확실성과 모호성이 야기되어 뜻 전달과 파악에 적지 않은 오해와 어려움이 따르게 마련이다. 이웃집 할머니도 시를 즐기게 하며 나아가 시로 황제를 성군으로 만들고 훌륭한 정치를 이룩하고자 했던 백거이는 그러한 풍격을 추구하지 않았던 것이다.

그런데 백거이는 이후 자신의 그러한 풍격의 시 중에 위와 같은 문제점이 따르기도 한다는 사실을 각성하게 되었다. 그리하여 평이한 풍격을 유지하면서도 그로 인해 파생되는 문제점을 불식하기 위해 여러 시도를 하였는데, 시우詩友인 유우석의 시를 많이 참조하였던 것이다.

물론 백거이 시가 모두 함축성이 결여되고 시적 정취가 모자란다는 건 아니다. 다음에서 예시하는 시는 평이하면서도 형상성이 뛰어나 곱씹을수록 여운이 풍부한 시다.

부글부글 끓는 거품 막 술이 익었다.	綠蟻新醅酒
붉은 질화로엔 불꽃이 타고 있다.	紅泥小火爐
저녁 되니 하늘에는 눈이라도 내릴 듯.	晚來天欲雪
친구여 한 잔 하러 오지 않겠나?	能飮一杯無
	〔「問劉十九」〕

시 제목이 「문유십구問劉十九」 그러니까 유십구에게 묻다는 뜻이다. 백거이 친구 중에는 유우석 말고 유씨 성을 가진 친구가 또 있었던 모양으로 누군지 정확히는 모르지만 숭양崇陽사람인 것은 분명하다. 그 친구는 유씨 집안 동 항렬 가운데서 열아홉번 째로 태어났던 모양이다. 옛날 사람들은 이름 대신에 누구네 집 몇 째라고도 불렀기 때문이다. 금세 눈이라도 쏟아질 듯한 저녁, 방안에는 막 익은 술 향기가 코를 찌르고 추위를 녹이려고 지핀 질화로에서는 불꽃이 이글거리고 있다. 따뜻한 방안과 차가운 바깥 환경이 절묘한 대비를 이룬다. 코끝에 와 닿는 술 향기, 그리고 질화로의 불꽃은 시인을 유혹한다. 아…저 화로에다 따끈하게 술 한 잔 데워 먹으면 얼마나 좋을까? 좋은 술이 있으면 정겨운 친구가 그리운 법, 시인은 간단하게 메모

218 세속의 욕망과 그 달관의 노래

친구여 한잔 하러 오지 않겠나?

지에 적는다. 여보게, 술 한 잔 하러 놀러오지 않겠나? 아마 요즘 같으면 문자 메시지를 날리거나 간단하게 통화를 했겠지만 시인은 오언절구시를 지어 그 마음을 전한다. 고상한 정취와 낭만적인 생활이 눈길을 잡는다. 전갈을 받은 친구는 한 걸음에 달려와 흰 눈 펑펑 쏟아지는 창밖을 바라보며 거나하게 술에 취했으리라. 일상 언어처럼 쉽고 평범하지만, 평범함 속에 깊은 정취가 물씬 녹아 있어 곱씹을수록 진한 맛이 느껴지는 시다.

다음에서 소개하는 시도 뛰어난 형상성과 평이성으로 독자들의 사랑을 받고 있는 시다.

둥그런 석양 하나 강물 속에 깔리니	一道殘陽鋪水中
한쪽은 검푸르고 한쪽은 붉어라.	半江瑟瑟半江紅
사랑스러워라 구월 초사흘 초저녁 밤이여	可憐九月初三夜
이슬은 진주 같고 달은 활과 같아라.	露似眞珠月似弓
	〔「暮江吟」〕

때는 구월 초사흘 초저녁, 시인은 황혼이 지는 강가를 거닐고 있다. 수평선으로 막 사라진 석양, 석양빛이 닿은 강물의 표면은 온통 붉은 색이고 그렇지 않은 쪽은 어둠에 묻혀 검푸른 색을 띠고 있다. 경치를 바라보는 시인의 눈이 무척 섬세함을 알 수 있다. 강물을 주시하던 시인은 서서히 고개를 들어 하늘을 바라본다. 서쪽 하늘에 걸린 청초한 초승달이 이윽고 눈에 들어오고 정강이에는 진주처럼 영롱한 이슬의 찬 기운이 느껴진다. 황혼녘 초저녁 강가의 경치를 한 폭의 수채화처럼 곱고 선명하게 그려낸 수작이다.

위에서 예시한 시처럼 완곡하고 쉬우면서 긴긴 여운을 주는 시가 있다하더라도 그러나 백거이 시의 대체적인 경향은 여전히 직설적이고 번다하다는 것이다. 그리하여 그러한 문제점을 개선하기 위한 이런 저런 시도를 하였으며 유우석은 백거이의 그러한 노력과 성취를 다음처럼 높이 평하였다.

낙양에서 지은 그대의 시를 읊조려보니, 그 정묘함이 금을 백여 차례나 제련한 듯하오. 초나라 장인처럼 코를 다치지 않고 흔적 없이 진흙을 제거하고, 선녀의 의상처럼 가위와 자를 사용하지 않고 옷을 만들었구려.

吟君洛中作, 精絶百鍊金. 郢人斤斲無痕跡, 仙人衣裳棄刀尺.

이 평가에는 의례성 수사로서의 측면도 없지 않겠지만 백거이가 이룩한 성취와 무관하다고 할 수는 없을 것이며, 시우로서 시를 알아주고 격려하는 우정이 돋보인다. 아무튼 백거이는 원진이 작고한 이후 유우석을 만나 시를 읊조리고 술잔을 기울이는 것이 커다란 즐거움이었고 늘그막의 소원 세 가지 소원 중의 하나이기도 하였다. 첫째 소원은 태평한 세상이요, 둘째 소원은 건강한 신체요, 세번째 소원은 유우석과 자주 만나는 것이었다.* 아무리 만나도 질리지 않고, 보고 또 보고 싶은 친구가 있는 사람은 참 행복한 사람이라 하겠다. 이렇듯 좋아하던 친구였기에 유우석이 죽었을 때 슬픔과 충격도 컸다.

*"爲我盡一盃, 與君發三願. 一願世淸平, 二願身强健. 三願臨老頭, 數與君相見."

온 세상에 그대와 나란히 이름을 날렸고	四海齊名白與劉
평생 동안 우리는 단짝으로 지냈었지.	百年交分兩綢繆
가난하고 병든 몸 모두 한직으로 물러나왔다가	同貧同病退閒日
하나는 죽고 하나는 살아서 늘그막에 처했네.	一死一生臨老頭
술잔 기울이던 호탕한 영웅으로는 그대와 내가 있고	盃酒英雄君與操
함축적인 문장으로는 그대의 시문이 있네.	文章微婉我知丘
어질고 호탕한 그대 죽었으나 영령은 살아있어	賢豪雖歿精靈在
원진과 함께 지하에서 놀고 있으리라.	應共微之地下遊
이제 나 홀로 남아 외로움에 슬퍼하노니	今日哭君吾道孤
그대의 영전에서 눈물로 허연 수염 흠뻑 적시노라.	寢門淚滿白髭鬚

화살이 부러지고 나면 활이 무슨 소용 있으랴　　不知箭折弓何用

입술이 없으면 이빨 역시 사그라 빠지리라.　　兼恐脣亡齒亦枯
움푹한 무덤에 보옥 같은 그대 묻었고　　　　　窅窅窮泉埋寶玉
달리는 듯 지는 해는 뽕나무와 느릅나무 가지 끝에 걸렸네.
　　　　　　　　　　　　　　　　　　　　　駸駸落景掛桑楡
늙은 이몸 무덤에 들어갈 날 멀지 않았으니　　夜臺暮齒期非遠
앞서 간 그대여 내 모습 보이는지 묻고 싶소.　但問前頭相見無
　　　　　　　　　　　　　　　　〔「哭劉尙書夢得二首」〕

 늘그막에 매일 만나고 싶어 했던 백거이의 소원에도 불구하고 친구 유유석은 그렇게 저세상으로 가버렸다. 71살 때의 일이었다.

 4년 뒤 백거이도 친구의 뒤를 따라 이 세상을 하직하였다. 중당 시단을 주도하였던 백거이·원진·유우석은 저세상에서도 함께 만나 술 마시며 시 읊조리면서 돈독한 우정을 나눴으리라.

─────○ 6.
해외에서도
지음知音을 얻다

　베스트셀러 작가되기, 예나 지금이나 시인이나 소설가 등 문필가라면 누구나 꿈꾸는 일이다. 자기표현 자체에만 자족할 수 없기 때문이다. 독자는 시인을 격려하는 유일한 존재이다. 명예의 충족도 있으려니와 시인이 생각하는 바람직한 삶과 정서를 수용하겠다는 반향이야말로 시인을 행복할 수 있게 한다. 게다가 소수가 아니라 다수라고 한다면 어떤 시인인들 이를 소망하지 않겠는가? 수많은 자기를 거울처럼 마주할 수 있고, 광범한 마음의 복사와 공명을 얻는 것을!
　백거이는 살아생전에 자신의 손으로 문집을 정리하여 출간하였다. 문집발간이 거의 사후에 후손들의 추모의 일환으로 이루어지는 일반현상과는 다른 사례이다. 게다가 백거이의 문집 출간은 몇 차례에 걸쳐 진행되었다. 지식인으로서 끊임없이 자아를 성찰하고 정체성을 확인하는 행위의 일환이었던 것이다.
　그리고 문집이 생전에 출간될 수 있었던 것은 이미 광범한 독자층이 형성되었던 이유도 있겠지만, 그의 신념 그리고 정서적 취향이 대중과 걸맞았기 때문이라고 할 수 있다. 우선 중국 국내에서 많은 독자의 사랑을 받은 사실을 아래 기록에서 알 수 있다.

> … 또 지난 번 한수 남쪽 지역에 들린 적이 있었는데 마침 주인이 여러 기생들을 모아놓고 손님을 즐겁게 해주고 있었다네. 여러 기생들은 내가 온 걸 보고 수군대면서 "저분이 바로 「장한가」와 「진중음」을 지으신 분이야"라고 하는 것이었네. 장안에서 강서에 이르기까지 삼사천 리 길을 가는 동안 향교·절·여관·배 안에서 수시로 내 시를 써놓은 것을 목격하였으며 선비와 일반백성·스님·과부·처녀들의 입에서 내 시가 읊어지는 걸 보았다네.
> 又昨過漢南日, 適遇主人集衆樂娛他賓. 諸妓見僕來, 指而相顧曰, 此是秦中吟長恨歌主耳. 自長安抵江西三四千里, 凡鄉校佛寺逆旅行舟之中, 往往有題僕詩者. 士庶僧徒孀婦處女之口, 每每有詠僕詩者.
> 〔「與元九書」〕

백거이가 그의 절친한 친구 원진에게 보낸 편지의 일부이다. 당시에 백거이 시가 얼마나 널리 각광을 받았는지를 잘 알려준다.

동자는 장한가를 읊조릴 줄 알고	童子解吟長恨曲
오랑캐는 비파행을 노래 부를 줄 안다.	胡兒能唱琵琶篇
문장은 이미 만천하 사람 귀에 가득하니	文章已滿行人耳
그대 생각 한번에 가슴이 메이네.	一度思卿一愴然

이 시는 당나라 황제 선종宣宗이 백거이의 죽음을 애도한 「조백거이弔白居易」이다. 어린아이들은 장한곡, 즉 「장한가」를 읊조릴 줄 알았고 오랑캐는 비파편, 즉 「비파행」을 노래할 줄 알았다고 하였다. 국내는 물론 해외에까지 백거이의 「장한가」와 「비파행」이 널리 전파되었음을 알려주는 대목이다. "문장이 행인들의 귀에 가득하였다." 역시 백거이 시문의 광범위한 유전을 알 수 있게 해준다.

한편 해외에서도 백거이의 시는 광범위한 독자층의 애호를 받았다.

> 또 이렇게 말하더군. "계림의 상인이 매우 간절하게 구하면서 말하기를 '우리나라 재상이 백거이 시 한 편을 거금을 주고 맞바꾸었는데 아주 교묘하게 위조된 시도 보기 만하면 즉시 판별해냅니다.'" 시문이 지어진 이래로 이처럼 널리 유전된 적이 없었던 것 같네.
> 又云雞林賈人求市頗切, 自云本國宰相每以百金換一篇, 其甚僞者, 宰相輒能辯別之, 自篇章以來, 未有如是流傳之廣者.
> 〔「與元九書」〕

계림은 바로 신라다. 다른 관련자료가 없어 여지없이 신빙할 수는 없지만 신라의 재상이 백거이의 시에 열광하며 새 시를 얻어 보려고 애썼으며 위조된 백거이의 시가 나돌았다는 사실은 8세기 말 신라에 백거이의 시가 널리 알려져 있었고 다수

독자가 형성되어 있었다는 사정을 알려준다고 하겠다.

그리고 고려문인들에게도 널리 사랑을 받았으며 널리 유전되었다는 사실을 전해주는 사료 또한 많이 있다.

어떻게 마음 속 먼지를 털어낼까?	何以去塵襟
백거이 시詩가 손 안에 있네.	樂天詩在手

〔이규보, 「有乞退心有作」〕

낙마도 끝내 팔아치웠고	駱旣竟鬻
번소도 이미 떠나보냈다.	素已不留
용문의 산수에서	龍門泉石
표연히 홀로 노닐었네.	飄然獨遊

〔이인로, 「崔太尉雙明亭」〕

만약 벼슬아치와 선비들이 한가롭게 책을 읽으며 천명을 즐기고 근심을 잊고자 한다면 백거이 시가 아니면 안될 것이다.

若搢紳先覺 閑居覽閱 樂天忘憂 非白詩莫可. 〔이제현, 「白樂天眞讚」〕

고려문인들은 백거이를 주로 도교와 불교에 심취하여 세속의 명리를 잊고 안분지족하며 유유자적한 생활을 영위한 한적 시인으로 간주하고 있는데, 이를 통해 그들이 그러한 경향의 정취를 드러낸 시를 좋아하였음을 알 수 있다.

백거이의 영향을 받아 정서적 공감을 나눈 고려시대의 시인으로, '화백시和白詩'를 많이 지었던 이규보와 백거이를 비롯하

시공을 초월하여 백거이와 시적 정취, 인생의 지향
을 함께 했던 이규보와 그의 문집

여 당송시인들의 명구를 짜깁기하여 집구시集句詩를 대량 창작했던 임유정 등이 있다.

'화백시'란 백거이 시에 화답하여 지은 시이다. 이규보는 백거이와 동시대 시인은 아니었지만 이렇듯 시공을 초월하여 백거이 원시에 답시를 지은 걸 보면 얼마나 백거이를 흠모했는지 짐작할 만하다. 시적 정취·생활철학·사람됨됨이·지향점 등 여러 방면에서 공감이 전제되어야만 화답시가 나올 수 있기 때문이다.

고려시대의 이규보(1168~1241)는 한미한 가정에서 출생하여 40대 초반까지 변변한 벼슬하나 얻지 못한 채 불우한 시절을 보냈다. 어려서부터 기동奇童으로 이름을 떨쳤고 시를 떠나서는 살 수 없을 정도로 시를 좋아했다. 불우했던 청장년 시기, 시는 어쩌면 지식인으로서의 정체성을 확인하는 최후의 보루였는지도 모른다.

그는 고위관료의 시에 직접 차운하여 시재를 과시하는 한편, 직접 글을 올려 벼슬을 구하기도 했다. 시문을 통해 최충헌 부자에게 접근하여 출세의 발판을 마련하기도 하였다. 시마詩魔로 자신을 지칭한 점, 술과 거문고를 좋아했던 점, 벼슬길에서의 부침을 경험한 뒤 세속의 욕망을 차단하고 달관의 인생을 살고자 노력하였고 만년에 불교에 귀의했던 점, 죽기 전에 자신의 손으로 문집을 발간한 점 등이 백거이와 매우 닮았다. 이규보의 화백시和白詩 한 편을 읽어보자. 원시의 제목은 「병중오절病中五絶」이다.

病中五絶	백거이	方寸成灰鬢作絲 假如强健亦何爲 家無憂累身無事 正是安閑好病時	마음은 재가 되고 머리는 하얀 실 되었는데 몸뚱이만 튼튼하면 또 무엇 하리. 집안일 걱정 없고 몸도 일이 없으니 편안하고 한가롭게 병들어 눕기 좋을 때.
	이규보	餘喘雖微欲絶絲 壽殤脩短在天爲 世人只抱貪生志 老死猶同夭死時	가쁜 숨은 끊어지려는 실 같지만 명이 길고 짧은 것은 하늘이 정하는 것. 사람들은 단지 오래 살려는 욕심만 부리는데 늙어 죽으나 어려 죽으나 죽기는 마찬가지라오.

차운이란 원시의 작자가 쓴 운을 그대로 사용한 시 짓기이다. 운도 같아야 하지만 차례 또한 같아야 하기 때문에 화답시 가운데 가장 어려운 형식이다. 위 운자 표시부분을 보면 원시가 사용한 운을 순서대로 따랐음을 알 수 있다. 이규보가 화답시를 지

으면서 이렇듯 차운시를 선택한 것은 시적 재능을 겨루어 보고자 하는 심리도 은연 중 작용하고 있는 듯하다. 위 시들은 모두 와병 중 창작한 것인데 형식과 정취뿐만 아니라 두 시인의 생사에 초연한 생각도 잘 호응하고 있다.

다음은 고려시인 임유정林惟正의 집구시[「赴任耀德次觸事有感」]다.

| 비 오는 언덕 안개 자욱한 강가 경치 좋은 때, | 雨岸煙汀好景時〔筍鶴〕 |

| 한들한들 파르스름한 버들 휘늘어졌구나. | 搖搖煙柳不勝垂〔錢惟演〕 |

| 베개 위에서 꿈 깨자 누른 조밥이 익었고, | 夢廻枕上黃粱熟〔永叔〕 |

| 산간오지에 살고 있으니 흰 날이 더디네. | 人在壺中白日遲〔張叔夜〕 |

| 나무와 돌은 둑 위에서 물을 베고 누워 있고, | 樹石有坊皆枕水〔孫何〕 |

| 누대 곳곳마다 시 남기지 않은 곳 없네. | 樓臺無處不留詩〔王隨〕 |

| 이 마음 말하지 않으니 뉘라서 알리? | 此情不語何人識〔樂天〕 |

| 봄바람 가을달만 알고 있으리. | 惟有春風秋月知〔樂天〕 |

이 시는 7언율시이다. 여덟 구절 모두 옛 시인, 즉 두순학·전유연·구양수·장숙야·손하·왕수·백낙천 시구를 짜깁기해서 완성하였는데, 그 가운데 미련尾聯 두 구절을 백거이 시에서 따왔다. 7째 구절 "此情不語何人識"은 백거이 시 「야좌夜坐」에 나오는 구절인데, 마지막 글자 '識'은 원시에는 '會'로 되어 있다. 한 글자 착오가 있긴 하지만 모두 뜻은 '알다'이다.

「야좌」시의 내용은 다음과 같다.

뜨락에서 종일토록 밤까지 서있고	庭前盡日立到夜
등잔 밝히며 때로는 하얗게 밤을 지샌다.	燈下有時坐徹明
이 심정 말하지 않으니 그 누가 알리	此情不語何人會
때때로 새어나오는 긴긴 탄식 소리.	時復長吁一兩聲

2,900여수나 되는 백거이 시 가운데서 임유정은 자신의 시적 정취와 딱 들어맞는 이 구절을 선택한 것이다. 기억력도 놀랍거니와 남의 시구를 따다 천의무봉하게 자신의 감정을 읊은 그 솜씨가 대단하다.

마지막 구절 "惟有春風秋月知"는 백거이 시 「과원가리신댁過元家履信宅」의 마지막 구절에 나온다. 시의 내용은 아래와 같다.

닭과 개 집을 잃고 흩어진 뒤	鷄犬喪家分散後
주인 잃은 동산 쓸쓸하구나.	林園失主寂寥時
낙화는 말없이 나무를 떠나고	落花不語空辭樹

유수는 무정하게 연못으로 흘러드네.　　　　　　　　流水无情自入池
그 옛날 흥겹게 노닐던 배, 바람에 일렁여 부서지고　風蕩宴船初破漏
구성지게 노래 부르던 누대, 비에 젖어 쓰러지려하는구나.

　　　　　　　　　　　　　　　　　　　　　　　　雨淋歌閣欲傾欹
앞뜰과 뒤뜰의 가슴 아픈 옛일들　　　　　　　　　　前庭後院傷心事
봄바람 가을 달만 알고 있으리.　　　　　　　　　　唯是春風秋月知

 글자 하나 틀리지 않고 기억해서 시적 정취와 잘 어우러지게 한 솜씨는 위의 경우와 마찬가지다. 8구절 가운데 백거이 시를 집구한 구절만 유독 2구절이나 되는 걸 보면 임유정이 백거이 시를 무척 좋아하였음을 알 수 있다.
 조선시대에 들어오면서 백거이의 시는 더욱 많은 문인들의 사랑을 받았다. 고려시대 문인들이 주로 욕망의 절제와 달관을 노래한 백거이의 한적시에 경도되었다면, 조선시대 문인들은 한적시는 물론 사회시인으로서의 위상에도 주목하였다. 하지만 문학의 사회적 사명과 역할을 강조할 때는 여전히 두보의 시를 전범으로 삼았다.
 예컨대 정약용(1762~1836)은 문학의 사회적 효용을 강조할 때 두보만 내세웠을 뿐, 백거이의 신악부를 위시한 풍유시는 거론조차 하지 않았다. 반면에 그 스스로 백거이 시를 모방해서 지었다고 하는 작품을 보면 집착을 버리고 주어진 현실에 순응하며 유유자적하게 살아가는 정취를 읊었다. 대표적인 시를 예로 들면 아래와 같다.

노인 되어 한 가지 유쾌한 일은	老人一快事
민둥머리가 참으로 유독 좋아라	髮鬜良獨喜
머리털은 본디 쓰잘 데 없는 것이건만	髮也本贅疣
처리하는 방법도 가지가지여라	處置各殊軌
소박한 사람들은 그냥 땋아 늘이고	無文者皆辮
귀찮게 여긴 자들은 깎아버린다.	除累者多薙
상투와 총각이 조금 낫기는 하나	髻卯計差長
폐단이 또한 숱하게 생기었다.	弊端亦紛起
높다랗게 어지러이 머리를 꾸미고	巃嵷副編次
비녀 꽂고 비단으로 싸매기도 한다.	雜沓笄總縰
망건은 머리의 재액이니	網巾頭之厄
고관[오랑캐가 쓰던 모자]도 이상한 모양이라 욕을 먹는다네.	
	罟冠何觸訾
이제는 머리털이 하나도 없으니	今髮旣全無
갖은 병폐 어디에서 생겨나리오.	衆瘼將焉倚
감고 빗질하는 수고로움도 없고	旣無櫛沐勞
백발의 부끄러움 또한 면하였노라	亦免衰白恥
빛나는 두개골은 박통같이 희고	光顱皓如瓠
둥근 두상이 모난 발에 어울린다.	員蓋應方趾
널따란 북쪽 창 아래 누웠노라면	浩蕩北窓穴
솔바람 불어 머릿속이 시원하구나.	松風洒腦髓
말총으로 짠 때 묻은 망건일랑	塵垢馬尾巾

꼭꼭 접어 상자 속에 버려두나니.　　　　　　摺疊委箱裏
평생을 세속에 얽매이던 사람이　　　　　　　平生拘曲人
이제야 즐거운 선비 되었네 그려.　　　　　　乃今爲快士

늙은이의 한 가지 유쾌한 일은　　　　　　　老人一快事
치아 없는 게 또한 그 다음이라　　　　　　　齒豁抑其次
절반만 빠지면 참으로 고통스럽고　　　　　　半落誠可苦
완전히 없어야 마음이 편안하네　　　　　　　全空乃得意
한창 움직여 흔들릴 적에는　　　　　　　　　方其動搖時
가시로 찌른 듯 매우 시고 아파서　　　　　　酸痛劇芒刺
침놓고 뜸질해도 끝내 효험은 없고　　　　　　鍼灸意無靈
쑤시다가는 때로 눈물이 났었는데　　　　　　鑽鑿時出淚
이제는 걱정거리 전혀 없어　　　　　　　　　如今百不憂
밤새도록 잠을 편안히 잔다네　　　　　　　　穩帖終宵睡
다만 가시와 뼈만 제거하면은　　　　　　　　但去鯁與骨
어육도 꺼릴 것 없이 잘 먹는데　　　　　　　魚肉無攸忌
잘게 썬 것만 삼킬 뿐 아니라　　　　　　　　不唯吞細聶
큰 고깃점도 능란히 삼키거니와　　　　　　　兼能吸大臠
위아래 잇몸 이미 굳은 지 오래라　　　　　　兩齗久已堅
제법 고기를 부드럽게 끊을 수 있으니　　　　頗能截柔膩
그리하여 치아가 없는 것 때문에　　　　　　　不以無齒故
쓸쓸히 먹고픈 걸 끊지 않는다오　　　　　　　悄然絶所嗜
다만 턱이 위아래로 크게 움직여　　　　　　　山雷乃兩動
씹는 모양이 약간 부끄러울 뿐일세　　　　　　嗑嗑差可愧

이제부터는 사람의 질병이름이	自今人病名
사백 네 가지가 다 안되리니	不滿四百四
유쾌하도다 의서 가운데에서	快哉醫書中
치통이란 글자는 빼버려야겠네	句去齒痛字

늙은이의 한 가지 유쾌한 일은	老人一快事
귀먹은 것이 또 그 다음이로세	耳聾又次之
세상 소리는 좋은 소리가 없고	世聲無好音
모두가 다 시비 다툼뿐이나니	大都皆是非
헛 칭찬은 하늘에까지 추어올리고	浮讚騰雲霄
헛 모함은 구렁텅이로 떨어뜨리며	虛誣落污池
예악은 황무한 지 이미 오래이어라	禮樂久已荒
아, 약고 경박한 뭇 아이들이여	儇薄嗟群兒
개미가 떼 지어 교룡을 침범하고	嘒嘒螘侵蛟
생쥐가 사자를 밟아 뭉개도다	啾啾鼷穿獅
그러나 귀막이 솜을 달지 않고도	不待纊塞耳
천둥소리조차 점점 가늘게 들리고	霹靂聲漸微
그 나머지는 아무것도 들리지 않아	自餘皆寂寞
낙엽을 보고야 바람이 분 줄을 아니	黃落知風吹
파리가 윙윙대거나 지렁이가 울어	蠅鳴與蚓叫
난동을 부린들 누가 다시 알리오	亂動誰復知
겸하여 가장노릇도 잘할 수 있고	兼能作家翁
귀먹고 말 못해 바보가 되었으니	塞默成大癡
비록 자석탕 같은 약이 있더라도	雖有磁石湯

크게 웃고 의원을 한번 꾸짖으리   浩笑一罵醫

위에서 예시한 시는 제목이 「노인일쾌사老人一快事」, 즉 늙은 이의 한 가지 즐거운 일을 노래한 것이다. 제목 옆에 효향산체 效香山體라는 주석이 달려있다. 향산은 백거이 호이니 백거이 시체를 모방하여 지었다는 뜻이다. 이 시는 연작시로서 도합 여섯 수인데 여기에서는 세 수만을 예시하였다.※

※나머지 세 가지는 눈이 어두운 것의 즐거움, 바둑 두기의 즐거움, 시 짓기의 즐거움에 대해 노래하였다. 위 시의 번역은 민족문화추진회의 『다산시문집』을 참고하였다.

몇 가닥 남지 않은 머리, 몇 개 남지 않은 치아, 안 들리는 귀 등은 노인에게 나타나는 공통적인 노쇠증상이다. 젊었을 때를 상기하면, 그 모습 혐오스럽고 그 처지 서글퍼서 탄식이 절로 나온다.

요즘이야 의술이 발달하여 머리 심고, 치아 심고, 보청기 착용하면 감쪽같이 젊음의 일부를 되찾을 수 있지만 옛날에는 속수무책으로 고스란히 훈장처럼 달고 다녀야 한다. 이럴 경우 앙앙불락하며 탄식한다고 민둥머리에 머리카락 다시 돋아나는 것도 아니고, 빠진 치아 다시 올라오는 것도 아니며, 안 들리는 귀 다시 좋아지는 것도 아니다. 현실이 그러한 이상, 신체적 불편함을 유리한 쪽으로 생각하는 게 한결 마음도 편해진다.

모든 것은 마음먹기에 달린 것, 긍정적으로 낙천적으로 생각하면 지옥도 천국으로 바뀔 수 있는 것, 오로지 사람 마음만이 그렇게 할 수 있다. 이런 마음가짐과 처세관 어디서 많이 본 듯하지 않은가! 바로 백거이의 소신이었다. 정약용의 마음속에 자리하고 있는 백거이는 바로 그런 사람이었다. 그래서 이 시의 제목 옆에 백거이 시를 본받아 지었다는 뜻을 명기한 것이다.

이렇듯 조선시대 문인들이 백거이 시를 모방하거나 또 흠모의 대상으로 삼은 작품은 한결같이 분수를 지키며 사는 지족의 삶과 한가로운 정취와 관련된 한적시였다. 그러한 작가와 작품은 헤아릴 수 없이 많으므로 일일이 다시 거론하지 않겠다.

한편 일본에서도 백거이 시는 매우 각광을 받았다. 헤이안平安시대(794~1185)에 백거이 시가 널리 애송되었다는 기록이 각종 문헌에 기재되어 있다. 또 헤이안 시대에 발간된 시집 『화한랑영집和漢朗詠集』에 백거이 시가 141수나 수록되어 있고 『대강천리집大江千里集』과 『천재가구千載佳句』에도 백거이 시가 각각 74수, 535수가 수록되어있다.

뿐만 아니라 당시 상류사회에서 백거이 시가 얼마나 애독되었는지를 알려주는 갖가지 일화가 전해진다. 예컨대 닌묘천황仁明天皇 승화承和 5년(838, 당 개성開成 3년), 태재소이太宰少貳 후지와라 가쿠지藤原嶽寺가 당나라로부터 들어온 화물을 검사하다가 『원백시필元白詩筆』을 발견하여 천황에게 바치자 매우 즐거워하며 승진을 시켜주었다는 기록이 있다.

또 다이고천황醍醐天皇은 평생 백씨문집을 무척 좋아하다가 스가와라노 미치자네菅原道眞의 문집을 받은 뒤 "관씨집 문집이 백거이문집보다 훨씬 뛰어나니 이제부터 백씨문집에는 먼지가 쌓이게 되었구나〔更有菅家勝白樣 從玆拋卻匣塵深〕"라 하였다고 한다.

또 이치죠천황一條天皇의 황후 후지와라노 데이시藤原定子는 눈이 온 뒤 신하에게 백거이가 좌천되었을 때 향로봉 아래에 초가집을 짓고 산적이 있었던 일을 상기해 내곤 "향로봉의 눈이 어떠한가?〔香爐峰之雪如何〕"라고 했더니 세이쇼 난곤淸少納言이 얼른 일어나 발〔簾〕을 걷었다는 일화도 전해진다.

다카쿠라천황高倉天皇은 백거이 시 "숲 속에서 술을 데운다. 붉은 단풍 살라서〔林間煖酒燒紅葉〕"구를 매우 좋아하여 자신이 좋아했던 단풍을 불살랐던 하인의 죄를 사면해 주었다는 기록도 있다.

『원씨물어源氏物語』의 작가 무라사키 시키부紫式部 역시 백거이 시에 정통하여 『원씨물어』를 지을 때 백거이 시에서 소재를 많이 따왔다고 한다.*

　　*이노구치 이츠시, 심경호·한예원 역, 『일본한문학사』, 138~149쪽.
　　武田信昭, 「淺談白居易對日本文學的影向」 참조
　　http://www.sekigun.com/history/yuanchuang/biy.htm

백거이 시가 이렇듯 한국과 일본에서 널리 애송되고 각광받았던 이유는, 의식적으로 평민적이고 대중적인 시어를 구사하고

자 하였던 점을 꼽을 수 있을 것이다. 국내독자든 외국독자든 그들의 눈길을 붙잡는 데는 쉽고 평이한 시어가 최고였을 것이다. 아무리 좋은 시라 할지라도 난삽한 시어로 점철되어 있다면 시의 내포적 의미는 물론이려니와 표면적인 의미조차 제대로 파악하지 못해, 머리만 쥐어짜다가 내동댕이칠 수도 있기 때문이다.

아울러 불교의 영향과 세속 삶에서의 일탈을 추구하면서 한가하고 고아한 정취를 추구하였던 백거이의 시적 정취와 한국·일본 문인들의 기호가 서로 맞아떨어지면서 백거이 시는 국경과 시대를 초월하여 광범한 감성의 공명을 불러일으켜 독자들의 사랑을 받을 수 있었던 것이다.

〈에필로그〉

이 책을 집필하면서 줄곧 내 머릿속을 맴도는 키워드는 욕망과 절제였다. 욕망은 어떠한 삶에서도 제거하기 어렵다. 오늘도 우리는 그 욕망을 채우기 위해 경쟁을 벌이고, 다툼에서 이기기 위해, 이런저런 졸렬한 명분을 만들어내며, 온갖 노력을 마다하지 않는다. 그리고 쟁취한 기득권을 고수하기 위해 노심초사하며, 갈 데까지 가보자는 오기를 최선으로 착각하며 살아간다. 그렇게 쫓기듯 살아가다가 절망적인 상황에 부딪히기라도 하면 분노와 울화의 벽장에 갇혀 신음하기도 하고, 타인을 비방하고 하늘을 원망하다 고독하게 죽어가기도 한다.

오늘 우리의 삶은 아이러니하게도 휘황해지는 바깥과 반비례하여 갈수록 황폐해지고 고단해져 가고 있는 듯하다. 왜? 누구의 탓일까?

백거이 2,900여 수의 시에서 가장 주목할 만한 메시지는 경쟁의 질곡에서 벗어나 '욕망의 절제'와 '달관에 도달한 지혜롭고 여유로운 삶의 방식'에 관련되어 있다.

물론 동서고금을 통해 오직 백거이만이 '그러한 삶의 방식'을 보여준 것은 아니며 백거이 그 이상으로 조리있게 그러한 삶을 강조한 사람들도 많았다. 하지만 그는 절제와 달관으로 나아갔다가 다시 욕망과 통속성에 구속되면서 진퇴를 거듭하는 다소 모순된 양상을 솔직하게 보여주었기에, 우리는 인간 백거이의 모습을 다시 발견하게 되고 드디어 그에게 매료당한다. 백거이가 보여준 인생행로와 그 성취는 위선과는 거리가 멀었을지 모르겠지만 일관된 순수성을 견지하지 못하였다는 점에서 오히려 일말의 혐오감마저 초래할 수도 있었다.

하지만 이런 면모는 가식 없는 인품과 시품의 일치를 말하기 전에 인간실존의 진솔한 양상을 보여주었다는 점에서 더 큰 의미가 있다고 여겨진다. 여기서 백거이의 통속성은 진정성으로 바뀌어 빛을 발한다.

이렇듯 통속성과 진정성이 양면을 이루고 있기에 백거이에 대한 평가 역시 찬반이 엇갈린다. 백거이를 비판하는 사람들은 그를 이도저도 아닌 회색분자로 몰아세우며 일신의 안일이나 도모한 비겁한 인간으로 매도한다. 중용을 통속화한 중은中隱을 마치 무슨 고아한 삶인 양 포장하고, 관직과 봉급이나 탐한 위선자라며 비판의 날을 세운다. 현실정치와 백성의 삶은 외면한 채 산수나 유람하며 풍월이나 노래한 이기주의자라며 매도에 매도를 더한다.

그러나 백거이는 욕심을 부리면 더 움켜쥘 수 있었고, 다투면 더 많이 차지 할 수도 있었다. 하지만 그는 일정한 한계에 순응하여 유혹을 눌렀고, 강한 것보다는 약한 것을, 높은 곳보다는 낮은 곳을 택하였다. 그리고 그 선택을 즐기면서 마침내 지족의 삶을 살았다. 백거이의 삶은 이 대목에서 지혜와 비범함이 빛을 발한다.

우리는 백거이의 삶과 시를 통해서 욕망의 절제와 달관에 도달한 지혜롭고 여유로운 삶의 방식이 얼마나 어려운 것인가를 실감할 수 있었다. 아울러 그 높은 성취의 면면도 구체적으로 살펴볼 수 있었다.

이 책 『세속의 욕망과 그 달관의 노래』가 욕망과 좌절이 병존하는 고달픈 일상을 살아가는 독자 여러분에게 인간의 삶의 본질과 조건을 통찰하는 가운데 '느긋한 욕망'을 새로이 깃들게 하였다면 지은이로서 더한 즐거움이 없겠다.

242 세속의 욕망과 그 달관의 노래

〈부록〉

백거이 연보

백거이가 역임했던 관직소개

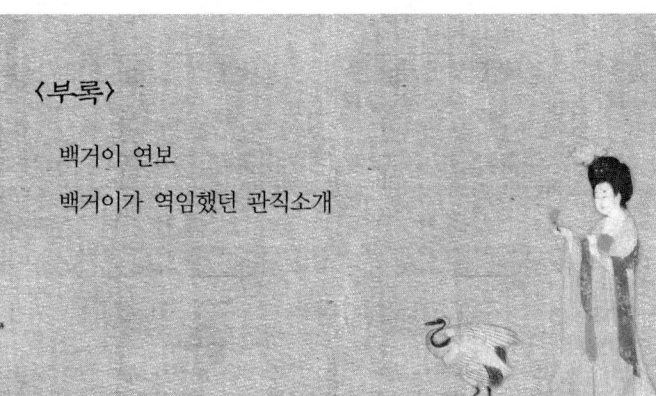

〈백거이 연보〉

연도	나이	내용
772	1	당나라 대종 대력 7년, 1월 20일 정주鄭州 신정현新鄭縣〔지금의 하남성 新鄭縣〕 동곽택東郭宅에서 태어나다. 이 때 아버지 백계경은 44살, 어머니 진씨는 18살. □이 해에 백거이 만년의 절친한 친구인 유우석劉禹錫도 태어나다.
773	2	대력 8년, 5월 조부〔鞏縣令 鍠〕가 신정에서 죽다.〔향년 68세〕
776	5	대력 11년, 아우 백행간白行簡이 출생하다.
779	8	대력 14년, 훗날 백거이 절친한 친구가 된 원진元稹이 태어나다.
780	9	덕종 건중 1년, 부친이 서주 팽성현령彭城縣令에 임명되다.
781	10	건중 2년, 부친이 서주별가徐州別駕에 임명되다.
782	11	건중 3년, 부친의 부임지인 서주徐州에 가서 부리현符離縣에 거주하다.
783	12	건중 4년, 주자朱泚의 난을 피해 월중越中〔지금의 절강성 일대지역〕으로 피난가다.
784	13	덕종 흥원 1년, 아우 백유미白幼美〔일명 金剛奴〕가 태어나다.
788	17	덕종 정원 4년, 부친이 위주별가尉州別駕로 전근가다.
791	20	정원 7년, 부친이 양주별가襄州別駕에 임명되다.
792	21	정원 8년, 막내아우 유미가 9세로 요절하다.
794	23	정원 10년, 양양襄陽에 거주하다. 5월 28일 부친이 양양 관사에서 운명하다.〔향년 66세〕 부친의 죽음으로 경제적 어려움에 직면,

		과거시험 공부를 잠시 중단하다.
797	26	정원 13년, 서주 부리현에 거주하다. 부친의 3년상을 마치다.
799	28	정원 15년, 가을 선주宣州에서 최연崔衍 주관 하에 향시에 응시, 급제하다. 진사과에 응시하기 위해 장안으로 향하다.
800	29	정원 16년, 정월 장안에서 급사중 진경陳京에게 글을 올려 자신의 존재와 재능을 알리다. □중서사인中書舍人 고영高郢 문하에서 진사과에 급제하다. 급제자 17명주 최연소로서 4등으로 합격. □급제 뒤 낙양으로 돌아와 어머님께 인사드리고 늦봄에 다시 남쪽으로 유람하여 부량에 도착하다. □9월 서주 부리에 도착하다.
801	30	정원 17년, 겨울 장안에서 이부시랑吏部侍郎 정순유鄭珣瑜 주관 하의 이부 서판발췌과書判拔萃科에 응시하다.
803	32	정원 19년, 3월 서판발췌과에 급제하여 비서성秘書省 교서랑校書郞에 임명되다. □故 재상 관파關播의 정원을 빌려 세를 살다.
804	33	정원 20년 장안에서 비서성 교서랑을 지내다. □봄 낙양 서주로 유람하다. □장안 부근의 하규현下邽縣에 거처를 정하다.
805	34	순종 영정 1년, 장안에서 교서랑직을 지내다.
806	35	헌종 원화 1년, 장안에 거주, 비서성 교서랑에서 면직. □원진과 함께 화양관華陽觀에 기거하며 제거制擧를 준비하다. □4월 13일 재식겸무명어체용과才識兼茂明於體用科에 제 4등으로 급제하다. 실제 성적은 차석. 그러나 시험 답안이 너무 직설적이고 과격하다하여 중앙정부 관리 임용에서는 제외되고, 수도권에 있는 주질현위周厔縣尉에 임

		명되었다. □12월 진홍陳鴻 왕질부王質夫와 함께 선유사仙遊寺를 유람하고 「장한가」를 짓다.
807	36	원화 2년, 주질현위 재직. □가을, 장안에 가서 진사과 시험 고시관에 위촉되다. 시험 종료 뒤 집현교리集賢校理를 겸직하였다. 11월 5일 집현원의 테스트를 거쳐 한림학사에 임명되었다. □아우 백행간이 진사과에 급제하다.
808	37	원화 3년, 배자裴垍·왕애王涯 등과 함께 제책制策 재시험관 되다. □4월 28일 좌습유左拾遺에 임명되다. 한림학사를 겸직하다. □ 첫 사랑 상령과의 가슴 아픈 사랑을 가슴에 묻고 양우경楊虞卿의 사촌 여동생 양씨와 결혼하다.
809	38	원화 4년, 좌습유겸 한림학사를 지내다. □딸 금란자金鑾子가 출생하다. □아우 백행간이 비서성교서랑에 제수되다.
810	39	원화 5년, 4월 좌습유 임기 만료 후, 5월 5일 경조부호조참군京兆府戶曹參軍에 제수되다.
811	40	원화 6년, 경조부호조참군 겸 한림학사를 지내다. □4월 모친 진씨가 장안 선평리宣平里 자택에서 운명하다.〔향년 57세〕 □모친상을 치루기 위해 벼슬에서 물러나 선영이 있는 하규下邽 의진향義津鄕 김씨촌金氏村으로 이주하다.
812	41	□원화 7년, 삼년상을 치루기 위해 계속 하규에 거주.
814	43	□원화 9년, 삼년상을 마쳤으나 여전히 하규에 머물다가 겨울이 되어서야 태자좌찬선대부太子左贊善大夫에 임명되다. 다시 장안으로 올라가 소국리昭國里에 거주하다.
815	44	원화 10년, 6월 3일 재상 무원형武元衡이 대낮에 자객에 의해 암

		살되는 사건이 발생하자 조속히 범인 체포할 것을 주장하는 상소문을 올렸다. 태자좌찬선대부의 신분으로 간관에 앞서 상소문을 올리는 것은 월권행위라는 비난을 받았고, 또 어머니가 우물 옆에서 꽃구경하다 빠져 죽었는데 우물을 읊고 꽃구경 시를 지은 것은 패륜 행위라면서 패륜이라는 죄목까지 덧씌워 강주사마로 좌천시키다. □초겨울 강주江州에 도착, 12월 시집 15권을 스스로 편찬하다. 총 800수. 주제와 형식을 고려하여 풍유諷諭·한적閑適·감상感傷·잡률雜律 4종류로 분류하다.
816	45	원화 11년, 가을 강주사마江州司馬로 좌천된 서러움을 산간오지를 떠돌며 비파를 타는 여인에 비유한 「비파행」을 짓다. □딸 아라阿羅가 출생하다.
817	46	원화 12년, 여산廬山에 초당을 짓고 3월 27일 이주를 하다. □윤 5월 형 백유문이 부량浮梁에서 죽다.
818	47	원화 13년, 봄 아우 백행간이 여산 초당에 놀러와 유숙하다. □12월 20일 충주자사忠州刺史에 임명되다.
819	48	원화 14년, 봄 강주를 떠나 충주자사로 부임하다. □3월 28일 충주에 도착하다.
820	49	원화 15년 여름 충주에서 장안으로 소환되다. □장안에 이르러 상서사문원외랑尚書司門員外郎에 임명되다. □12월 28일 주객낭중主客郎中 지제고知制誥에 임명되다.
821	50	목종 장경 1년, 봄 장안 신창리新昌里에 집을 구입하다. □10월 19일 중서사인中書舍人으로 임명되다. □11월 28일 제책制策 고시관에 위촉되다. □아우 백행간이 좌습유에 임명되다.
822	51	장경 2년, 7월 14일 외직을 자청하여 항주자사杭州刺史에 임명되다. □10월 항주에 부임하다.

824	53	장경 4년, 전당호錢塘湖 제방을 쌓아 수리 관개시설을 하는 등 치수 사업에 노력하여 주민들의 존경을 받다. □5월 태자좌서자분사동도太子左庶子分司東都에 임명되다. 그 달 말 항주를 떠나 가을 낙양에 도착하다. 낙양 이도리履道里에 옛날 양빙楊憑이 살던 집을 구입하여 거주하다. □이 해 겨울 친구 원진이 월주越州에서 백거이를 대신해서 문집 50권을 편찬해 주고 아울러 서문을 지어주었다. 문집이름은 「백씨장경집」, 제 1차 문집 편찬 때와 마찬가지로 풍유·한적·감상·잡률 4종류로 분류하여 편찬하였다.
825	54	경종 보력 1년, 3월 4일 소주자사蘇州刺史에 임명되다. □3월 29일 낙양을 출발하여 5월 5일 소주에 도착하다.
826	55	보력 2년, 소주자사로 재임하던 중 안병 폐질환으로 백일 장기 휴가를 신청하다. □9월 초, 백일휴가 만료 뒤 면직되다. □10월 초 소주를 떠나다. □겨울 아우 백행간이 죽다.[향년 51세]
827	56	문종 태화 1년, 봄 낙양에 도착하다. □3월 17일 비서감秘書監에 임명되다. □장안 신창리에 다시 거주하다. □12월 낙양으로 파견 근무를 나가다.
828	57	태화 2년, 봄 낙양에서 다시 장안으로 귀환하다. □2월 19일 형부시랑에 임명되다. □「백씨장경집」에 이어 후집 5권을 편찬하다. 이 때부터 4분법을 사용하지 않았다. □12월, 백일병가를 신청하다.
829	58	태화 3년 3월 5일 유우석과 창화한 시를 엮어 「유백창화집」 2권을 완성하다. □3월 말 백일병가 만료 뒤 형부시랑刑部侍郎에서 면직되고 태자

		빈객동도분사太子賓客東都分司에 임명되다. □4월 초 장안을 출발하여 낙양에 도착, 이도리履道里에 거주하다. □겨울 늦둥이 아들 아최阿崔가 출생하다. □58세 이후 죽을 때까지 낙양에서 관리로 재직하면서 중은생활中隱生活을 영위하였다.
830	59	태화 4년, 겨울 안병이발하다. 12월 28일 하남윤河南尹에 임명되다.
831	60	태화 5년, 늦둥이 아들 아최가 요절하다.
832	61	태화 6년, 8월 향산사香山寺를 수축하다. □「유백창화집」 3권을 편찬하다.
833	62	태화 7년, 하남윤 재임 중 병으로 50일 휴가를 신청하다. □4월 25일 태자빈객분사동도에 임명되다.
834	63	태화 8년, 7월 낙양에서 지은 시를 편찬하고 서를 짓다.
835	64	태화 9년, 「백씨문집」 60권을 편찬하여 여산 동림사東林寺에 보관하다. □9월 양여사楊汝士 대신 동주자사同州刺史에 임명되었으나 병으로 사양하다. □10월 태자소부분사동도에 임명되어 70세까지 유임하였다. □겨울 딸 아라阿羅를 담홍모譚弘謨에게 시집보내다.
836	65	문종 개성 1년, 윤5월 「백씨문집」 65권을 편찬하여 낙양 성선사에 보관하다. □유우석이 낙양에서 「유백창화집」 제4권인 「여락집汝洛集」을 편찬, 백거이가 서문을 쓰다.
839	68	개성 4년, 2월 「백씨문집」 67권을 편찬하여 소주 남선원南禪院 천불당에 보관하다. □10월 풍질風疾이 발병하다.
840	69	개성 5년, 봄 풍질이 다소 차도를 보이다.

		□3월 말 아끼던 가기歌妓 번소樊素와 소만小蠻을 집에서 내보내다. □11월 「낙중집洛中集」 10권을 편찬하여 낙양 향산사에 보관하다. □겨울, 병으로 백일 휴가를 신청하다.
841	70	무종 회창 1년, 봄 백일 휴가가 만료되고 관례에 따라 태자소부에서 면직되다. 면직된 뒤 다른 보직을 받지 못하여 백의거사白衣居士, 즉 평민의 신분으로 돌아오다. 따라서 이 때를 실질적인 퇴직으로 보아야 한다. 이러한 사정은 「달재낙천행達哉樂天行」시에 잘 나타나 있다.
842	71	회창 2년, 사위 담홍모가 죽자 딸 아라가 낙양 이도리로 돌아오다. □후집 20권을 편찬하여 여산廬山 동림사東林寺에 보관하다. 이로써 「백씨문집」70권이 완성되다.
844	73	회창 4년, 퇴직 뒤 줄곧 평민 신분으로 지내다가 이 때 비로소 형부상서 직함을 받고 월급의 반을 받게 되었다. 「형부상서치사刑部尙書致仕」시를 보면 이러한 사정을 잘 알 수 있다. □이 해에 사재를 털어 용문에 있는 팔절탄八節灘을 개수하여 이 곳을 지나는 배들이 안전하게 운행할 수 있도록 해주었다.
845	74	회창 5년, 5월 1일 속후집 5권을 편찬하여 「백씨문집」75권을 완성하다.
846	75	회창 6년, 8월 낙양 이도리 자택에서 운명하다. 상서우복야尙書右僕射에 추증되다. 11월 낙양 용문龍門 향산사香山寺에 묻히다.

⟨백거이가 역임했던 관직 소개⟩

1. 교서랑校書郞, 정구품상正九品上

당대唐代에 비서성秘書省에 소속되었던 관직. 궁중 도서관에서 서적 교감을 관장한다. 백거이는 정원 19년(803) 32세 되던 해 3월, 서판발췌과에 합격하여 교서랑에 임명되었다. 관리로서 첫 발령을 받은 것이다.

2. 주질현위周厔縣尉, 정구품하正九品下

주질현은 지금의 섬서성 주지현周至縣에 해당한다. 위尉는 병무나 형벌을 관장하는 벼슬. 백거이는 원화 원년(806) 35세에 주질현위에 임명되었다.

3. 한림학사翰林學士

황제를 모시며 조서詔書 작성업무를 수행하는 관직이다. 당나라 초기에는 한림대조翰林待詔·한림공봉翰林供奉으로 불렸으며 개원 26년 한림학사로 개칭되었다. 한림학사는 겸직이므로 구성원들은 각기 별도의 관직을 가지고 있었다. 백거이는 원화 2년(807) 36세 11월부터 원화 6년(811) 모친상을 당하기 직전까지 한림학사를 겸직하였다.

4. 좌습유左拾遺, 종팔품상從八品上

백관을 탄핵하고 황제의 실정이나 잘못을 비판하는 관리이다. 당나라 측천무후 때 좌습유와 우습유右拾遺를 설치하였다. 우습유는 중서성中書省 소속이고 좌습유는 문하성門下省 소속이다. 백거이는 원화 3년(808) 4월 37세에 좌습유에 임명되었다.

5. 경조부호조참군京兆府戶曹參軍, 정칠품하正七品下

경조부는 현재 섬서성 서안 등지의 행정구역이다. 호조참군은 왕공부王公府 도독도호부都督都護府 경기부京畿府 등에 설치된 관직으로서 호조참군사戶曹參

軍事의 약칭이다. 호구戶口・호적戶籍・혼인婚姻・전택田宅・요역徭役 등의 일을 관장한다. 백거이는 원화 5년(810) 5월 39세부터 모친상을 당하기 직전까지 경조부호조참군을 지냈다.

6 태자좌찬선대부太子左贊善大夫, 정오품상正五品上

찬선대부는 태자의 속관으로 태자를 보좌하는 직책이다. 간의대부諫議大夫에 해당하며 줄여서 찬선贊善이라고도 한다. 백거이는 원화 9년(814) 43세 겨울부터 이듬해 강주사마로 좌천되기 직전까지 태자좌찬선대부를 지냈다.

7 강주사마江州司馬, 종오품하從五品下

강주는 지금의 강서성江西省 구강시九江市. 사마는 주나라 때부터 설치되었으며 주로 군무를 담당하던 관직이다. 당대唐代에는 절도사 아래 행군사마를 두었으며 이와 별도로 각 주에는 사마를 두어 좌천된 관리를 배치하기도 하였다. 백거이는 원화 10년(816) 45세 되던 해 8월에 강주사마로 좌천되었으며 원화 13년까지 강주사마직에 있었다.

8 충주자사忠州刺史, 정사품하正四品下

충주는 지금의 사천성四川省 충현忠縣, 자사는 주州의 장관이다. 백거이는 원화 3년(818) 47세 때 겨울 충주자사에 임명되어 이듬해 3월에 부임하였다.

9 사문원외랑司門員外郎, 종육품상從六品上

사문은 국경의 화물출입과 관세, 외빈의 도착을 알리는 부서이다. 백거이는 원화 15년(820) 49세 여름, 충주자사에서 사문원외랑에 임명되어 장안으로 돌아왔다.

10 주객랑중지제고主客郎中知制誥, 종오품상從五品上

주객랑중은 상서성 예부禮部 소속으로 외국 사신들의 접대와 관련된 일을 맡는다. 지제고는 조령詔令의 초안을 담당하는 관직이다. 당나라 초기에는 조령의 초안을 중서사인中書舍人이 담당했으나 점차 별도의 관직과 함께 지제고를 겸하는 경우가 늘어났다. 백거이는 원화 15년 12월부터 이듬해 목종 장경 원년(821) 50세 9월까지 주객랑중지제고를 지냈다.

11 중서사인中書舍人, 정오품상正五品上

중서성中書省 소속으로 총 6명의 사인舍人을 둔다. 조서詔書작성・칙령勅令제정・소송訴訟이나 상소上疏 등의 업무를 관장하는 관직이므로 당시 지식인들은 중서사인을 조정의 핵심직무이자 최고의 관직으로 여겼다. 중서사인의 제고制誥를 외제外制라 하여 한림학사가 지은 내제內制와 구분하였다. 백거이는 장경 원년(821) 50세 때 중서사인에 임명되어 이듬해 7월 항주자사로 부임하기 전까지 중서사인을 역임하였다.

12 항주자사杭州刺史, 종삼품從三品

항주는 지금의 절강성 항주. 백거이는 장경 2년(822) 51세 때 항주자사, 즉 항주의 장관에 임명되어 장경 4년(824) 53세 5월까지 항주자사를 지냈다.

13 태자좌서자분사동도太子左庶子分司東都, 정사품상正四品上

태자서자는 동궁東宮의 관속官屬으로 좌서자 2인과 우서자 2인을 두었다. 좌서자는 태자를 보위하여 정사를 논하고 황제에게 아뢰는 일을 하였다. 백거이는 장경 4년(824) 53세 때 임명되어 이듬해 봄까지 담당했다. 동도는 낙양을 지칭하며 분사는 중앙부서에서 파견되어 근무하는 것을 말한다. 그러니까 태자좌서자의 직무를 낙양에서 수행한 것이다.

14 소주자사蘇州刺史, 종삼품從三品

소주는 지금의 강소성 소주. 백거이는 경종敬宗 보력寶曆 원년(825) 54세 3월에 소주자사로 임명되어 그 해 5월에 소주에 부임하였다. 이듬해 보력 2년(826)에 눈병으로 소주자사를 그만두고 낙양으로 돌아왔다.

15 비서감祕書監, 종삼품從三品

비서성祕書省의 장관이며 비서성은 도서・전적 등을 관장하는 관서이다. 백거이는 문종 태화 원년(827) 56세부터 이듬해 2월까지 비서감을 지냈다.

16 형부시랑刑部侍郎, 정사품하正四品下

상서성尙書省 형부刑部의 부장관副長官으로서 율령律令을 관장하고 형명刑名을 정하며 각 지방에서 상소한 일들을 처리한다. 백거이는 태화 2년(828) 57세부터 이듬해 3월까지 형부시랑을 지냈다.

17. 태자빈객분사동도 太子賓客分司東都, 정삼품 正三品

태자빈객은 동궁의 관속官屬으로 태자를 보호하고 시중들며 간언하는 직책. 백거이는 태화太和 3년(829) 58세 3월에 태자빈객분사동도에 임명되어 이듬해 12월 하남윤河南尹으로 발령받을 때까지 직책을 수행하였다. 또 태화 7년 하남윤을 그만둔 뒤, 다시 태자빈객분사동도에 임명되어 태화 9년(835) 64세까지 담당했다.

18. 하남윤 河南尹, 종삼품 從三品

하남윤은 하남부河南府의 장관이다. 백거이는 태화太和 4년(830) 59세 12월, 하남윤에 제수되었으며 태화 7년(833) 62세 때 병으로 직책에서 물러났다.

19. 태자소부분사 太子少傳分司, 종이품 從二品

태자소부는 동궁에 속하는 관직으로 태자의 도덕교육을 담당하는 직책이다. 백거이는 태화 9년(835) 64세 10에 태자소부분사에 임명된 이후, 무종武宗 회창會昌 원년 70세까지 직무를 수행하다 퇴직하였다.

20. 형부상서 刑部尚書, 정삼품 正三品

형부상서는 나라의 형법과 노예·소송 등의 정령政令을 관장하는 형부의 장관이다. 백거이는 회창 원년 70세에 퇴직한 이후, 73세에 이르러 퇴직 원로로서 형부상서의 직함을 받고 월급의 반을 받는 예우를 받았다.

* 관직소개는 서연달徐連達 주편主編 『중국역대관제사전』과 김경동 외 역주 『백거이한적시선』을 참고하여 작성하였다.